나는 더 이상 말 때문에
상처받지 않기로 했다

일러두기

이 책에 나오는 모든 이름과 이야기는 관련된 사람들의
신원을 보호하기 위해 상당 부분 변경하였습니다.

Wortmedizin

나는 더 이상
말 때문에
상처받지 않기로
했다

**해로운 말로부터
몸과 마음을 지키는
20가지 언어 처방**

리자 홀트마이어 지음
김현정 옮김

RHK
알에이치코리아

이 책을 먼저 읽은 분들의 찬사

말 한마디 때문에 하루를 통째로 망친 적이 있다면 이 책을 그냥 지나칠 수 없다. 말은 우리의 인생을 바꾼다. 뇌가 언어 자극에 민감하게 반응하도록 설계되어 있기 때문이다. 《나는 더 이상 말 때문에 상처받지 않기로 했다》는 말과 마음의 연결을 뇌과학적으로, 심리학적으로 친절하고 설득력 있게 설명하는 책이다.

경계 설정, I-message, 생각 멈추기, 감정 라벨링 등 임상 현장에서 효과가 검증된 기법들을 바탕으로 인간관계와 자기 자신을 변화시키는 실질적 방법을 제시한다. 또한 누구나 겪을 법한 사례를 함께 소개해, 불편한 상황이나 난감한 대화에 즉시 적용할 수 있다. 말 때문에 상처받고 마음이 소진되는 상황에서 자신을 지키고자 하는 모든 이에게 추천한다. 이 책이 건강한 언어 호흡을 회복해 마음을 단단하게 가꾸는 기회가 되길 바란다.

— 김대수, 카이스트 뇌인지과학과 교수, 뇌과학자

별거 아닌 말이 신경 쓰여 밤새 뒤척여 본 적 있는가? 그리고 결국 '내가 예민한 건가?'라며 스스로를 탓해 본 적 있는가? 그렇다면 이 책은 당신에게 필요한 책이다. 분명히 말하지만 당신이 예민한 게 아니다. 당신은 그저, 그 대화에서 무언가 잘못됐다는 신호를 정확히 감지한 것이다.

이 책은 말 때문에 상처받은 사람들에게 '당신이 왜 힘든지' 명확하게 보여 준다. 나아가 설명에서 그치는 것이 아닌, 타인의 말에 상처받지 않는 실질적인 대응법을 알려준다. 당신이 이 책을 선택한 순간, 타인의 말 한마디에 휘둘리는 삶은 끝날 것이다.

— 최설민, 87만 유튜브 '놀면서 배우는 심리학', 《양수인간》 저자

이 책은 힘든 상황에서도 내면이 흔들리지 않고 버틸 수 있도록 돕는 실질적인 수단이다. 핵심은 소통 능력을 근본적으로 강화하는 데 있다. 이는 특히 심리적 어려움이나 심신 질환을 겪는 이들에게 필수적이다. 관계를 건강하게 시작하고 유지하며, 필요할 경우 단절할 수 있는 능력, 타인과의 소통뿐 아니라 자신과의 소통을 건강하게 이어 가는 능력, 자기 인식과 타인에 대한 인식을 증진하는 능력, 그리고 건강한 경계를 설정하고 실천하는 능력을 키

우도록 돕는다.

무엇보다 이런 이야기는 독자에게 즐겁게 다가가면서도 충분히 설득력이 있어야 한다. 그런 점에서 리자 홀트마이어만큼 독자에게 동기를 주고, 긍정적이고 현실감 있게 메시지를 전할 수 있는 저자를 찾기 어렵다. 이 책의 모든 문장에서는 더 나은 소통을 위해, 그리고 우리 모두의 관계 속 맹점을 함께 넘어가기 위해 끊임없이 고민하고 행동하려는 그녀의 진지함이 분명하게 느껴진다. 그 진심이 독자에게도 그대로 전해질 것이라 확신한다.

— 알렉산더 쿠겔슈타트, 심신의학 및 심리치료 전문의

이 책은 말이 우리의 정신 건강에 어떤 영향을 미치는지 이해하고 싶은 모든 이에게 든든한 길잡이가 되어 준다. 해로운 대화 패턴을 피하는 법과, 좋은 소통이 얼마나 큰 치유가 될 수 있는지를 실용적으로 보여 준다.

— 슈벤 고트슐링, 슈피겔 베스트셀러 작가, 자르란트 대학병원 의사

말하는 법은 배웠지만 소통하는 법은 배우지 못한 사람이 많다. 저자는 우리가 말하는 법, 생각하는 법, 자기 자신을 더 알고 발전시키는 법을 배우도록 해 준다. — 르네 트레더, 심리학자

대화라는 것은 항상 매끈하게 흘러가지는 않는다. 저자는 일상의 장면들을 통해 언어가 우리의 건강에 얼마나 광범위한 영향을 미치는지 보여 주고, 자기 자신과 더 따뜻하게 대화하고 타인과 보다 덜 스트레스 받으며 소통할 수 있도록 돕는다.

— 울리케 보스만 박사, 심리학자, 베스트셀러 《피플 플리징》 저자

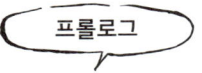
프롤로그

대화가 건강해져야
몸이 건강해진다

우리는 지금 '뷰카^{VUCA}'라고 부르는 세상에서 산다. 변동이 크고^{Volatility} 내일이 불확실하며^{Uncertainty} 문제가 복잡하고^{Complexity} 상황은 모호하다^{Ambiguity}. 이 네 가지가 합쳐지면 세상만사가 우리의 신경을 흔들고 스트레스를 준다.

그리고 스트레스의 주요 원인 중 가장 큰 부분이 '일상 속 대화'다. 매일 듣는 말, 상대가 무심코 던진 말, 대충 흘려들은 한마디가 마음을 긁고 상처를 준다.

무엇보다, 이런 심리적 자극은 신체 반응으로까지 번진다. 뇌졸중과 심장 질환 같은 큰 병부터 당뇨, 신경성 피부염, 우울, 불안장애, 위궤양, 두통, 수면 문제가 일어난다. 현대에 사는 우리는 끊임없는 자극에 시달리고, 직장에서 점점 더 많은 사람이 병들고 있다.

다만, 반대로 말하면 소통 방식을 조금만 바꾸어도 정신과 몸 상태가 크게 달라질 수 있다는 뜻이다. 이 책은 우리가 자주 마주치는 20가지 일상 속 장면을 통해 건강하지 않은 대화 패턴을 보여 준다. 가족, 친구, 직장 동료와의 실제 대화를 바탕으로 무엇이 문제인지, 어떻게 하면 더 잘 말하고 잘 들을 수 있는지 짚는다. 각 사례 뒤에는 뇌과학과 심리학 관점의 해설을 덧붙여 그 대화가 왜 해로운지, 그런 상황에서 우리 몸에 어떤 변화가 일어나는지 설명한다.

이 책의 목표는 일상에서 '실제 변화'를 만드는 것이다. 무례한 말 앞에서 말문이 막힐 때, 혼자서 끝없이 땅굴을 팔 때, 무심코 선을 넘는 때 등 독이 되는 대화 패턴을 멈추는 데 도움을 주고자 했다.

무엇보다, 타인과의 대화뿐 아니라 자기 자신과의 대화도 돌아보게 했다. 우리는 스스로와도 건강하지 못한 대화를 할 때가 많기 때문이다.

말의 기전을 과학적으로 분석한 뒤에는, 상황별로 바로 적용할 수 있는 표현법을 붙였다. 나는 이것을 '말 처방전'이라 부른다. 이 책을 다양한 약이 준비된 큰 '약국'이라 생각해도 좋다. 본인에게 맞는 약을 골라 쓰면 된다.

이 책을 선택해 주셔서 감사하다. 여러분의 선택은 서로에게 더 건강하게 다가가는 사회를 만드는 힘이 될 것이다. 해로운 대화를 마주했을 때 스스로를 지키고, 말을 더 신중히 다루는 일은 무엇보다 중요하다.

좋은 말이라는 씨앗을 뿌리면 건강을 거둘 것이다.

즐거운 독서가 되길 바란다.

이 책의 저자
리자 홀트마이어

1장

"너 살 좀 빼야겠다!"

마음의 상처와
언어폭력

따사로운 여름날 저녁, 모니카는 친구 페트라, 앨리스와 함께 테라스에 앉아 있다. 그들은 노을을 즐기며 화이트 와인을 마신다.

모니카는 최근 몇 달 동안 힘든 시간을 보냈다. 7년 동안 사귀던 남자친구와 이별했기 때문이다. "이대로는 안 되겠다는 생각이 들었어." 모니카가 말한다. 두 친구는 고개를 끄덕이며 공감을 표한다.

"너희도 알다시피, 서른 후반이 되니까 일상이 많이 달라지더라. 모든 게 무덤덤해지고 같이 있어도 혼자 있는 느낌이었어." 페트라는 잠시 말을 멈추고 과자가 담긴 그릇에 손을 뻗는다.

"전에는 그래도 주말에 뭐 할지, 같이 갈 여행 이야기도 하고 그랬는데, 최근에는 퇴근하면 집에 와서 넷플릭스나 보고 있었어."

"아무래도 그렇게 되지." 앨리스는 이렇게 말하고 과자를 하나 집는다.

페트라가 와인 한 모금을 마시고 한숨을 내쉬며 말한다. "테니스 동호회에 있는 안젤리카랑 톰도 결국 헤어졌대!"

"정말?" 앨리스가 놀란다. "정말 완벽한 커플이라고 생각했는데. 둘이 같이 운동도 하고, 서로 잘 맞는 것처럼 보였잖아." 믿기지 않는다는 듯한 말투다. "우리만 이런 건 아니구나." 모니카는 조금 마음이 편해진 것 같았다.

"이 얘기는 그만하자. 앨리스, 새 필라테스 수업은 어때?" 페트라가 화제를 돌린다. 앨리스는 이제야 운동 얘기로 넘어가서 다행이라는 표정을 짓는다.

"아, 정말 좋아. 필라테스 강사님이 진짜 최고야. 마흔인데도 몸매가 대박이야. 다들 나더러 요즘 안색이 환해졌다고 하더라. 필라테스 덕분 같아." 앨리스가 웃으며 말한다.

"내가 봐도 몸 선이 확 달라졌어." 페트라가 맞장구친다.

셋 중에 모니카만 아무 말도 하지 않는다. 그녀는 와인을 홀짝거리며 입가에 억지로 미소를 짓는다.

모니카는 필라테스가 별로 끌리지 않는다. 얼마 전 앨리스가 전화로 필라테스에 대해 열변을 토했을 때 유튜브에서 필라테스 홈트레이닝을 찾아서 따라 해 봤다. 하지만 몇 분 하고는 노트북을 닫고 요가 매트를 방구석으로 치워 버렸다.

얼마 전부터 그녀는 거울을 볼 때마다 기분이 아주 별로다. '에휴!' 모니카는 자신의 몸매를 애써 외면하며 생각한다. '페트라는 원래 날씬했고, 앨리스는 운동 마니아가 되어 가고 있고.' 이렇게 생각하던 찰나, 페트라의 말에 모니카는 정신을 차린다.

"모니카, 너도 필라테스 해 보면 진짜 좋을 거야." 페트라가 웃으며 말한다. "젊음은 이미 지나갔잖아. 지금이라도 살 좀 빼야지. 이제 누가 너랑 연애하고 싶어 하겠어?"

그 말이 모니카를 찔렀다. 모니카는 침을 꿀꺽 삼킨다. 마치 큰 덩어리가 목에 걸린 것 같았다.

앨리스와 페트라는 계속 농담을 주고받는다. 모니카는 아무 말도 하지 않는다. "앨리스가 필라테스 수업 소개시켜 줄 거야. 그렇지 앨리스?" 페트라가 말한다. 앨리스가 모니카를 바라보며 고개를 크게 끄덕인다. "그럼, 당연하지!"

모니카는 아무 반응도 하지 않는다. 그녀는 속으로 눈물을 꾹 참고 아무렇지 않은 척 애쓴다.

두 친구의 말은 모니카에게 깊은 상처를 주었다. 이후에도 모니카는 친구들이 했던 말과 그날 저녁이 자꾸만 생각난다.

� ✢ ✢ ✢

    모니카는 마음에 상처를 입었다. '마음의 상처'라는 말보다 더 적절한 표현이 있을까? 두 사람의 말은 모니카를 아프게 하고 모욕을 주었으며 가슴을 후벼 팠다. 이는 언어폭력이다.

    우리가 괜히 마음의 상처를 '영혼의 따귀를 때리는 일'이라고 표현하는 것이 아니다. 마음의 상처는 사람의 감정과 자존감을 침해한다. 누구나 모니카 같은 상황이라면 상처받는 것이 정상적인 반응이다. 이는 사람의 마음이라는 것이 연약하고 예민하다는 신호다.

말은 실제로 상처를 준다 _____

    많은 연구에 따르면 사회적 거부로 마음의 상처를 받는 상황에서는 스트레스 호르몬이 분비될 뿐만 아니라 뇌도 이러한 상처에 반응한다.[1] 장미 가시에 손가락이 찔리면 통증을 느낀다. 이때 우리 뇌의 여러 영역이 반응한다. 흥미로운 점은 신체적 통증뿐만 아니라 정신적, 정서적 통증인 경우에도 뇌가 똑같이 반응한다는 것이다.

말로 마음의 상처를 주는 행동은 피해자에게 심각한 심리적 영향을 미친다. 이러한 경험은 트라우마나 사회적 고립, 지속적인 정신적 스트레스로 이어진다. 또한 자존감과 자신감을 떨어뜨린다. 전반적인 대인관계에서도 타인에게 신뢰를 주지 못한다. 신체에 나타나는 영향도 매우 다양하다. 두통이나 위장 문제, 수면 장애를 비롯한 여러 심신 장애가 자주 나타난다.

위트레흐트 대학의 신경과학자 마린 스트루익스마^{Marijin Stru-iksma}는 사람들이 말로 공격을 받으면 강한 신체 반응을 보인다는 사실을 발견했다. 다른 사람의 말에 상처받고 모욕당했다고 느끼면 맥박이 빨라지고 피부 전도도가 높아질 뿐만 아니라, 뇌파도 변화한다. 이는 스트레스와 흥분, 불안을 보여 주는 분명한 신호다. (피부 전도도는 피부에 전기가 얼마나 잘 통하는지 나타내는 지표다. 긴장, 흥분, 불안으로 교감신경이 활성화되면 땀샘이 미세하게 열리며 땀이 아주 조금 분비되고, 그 결과 피부 전도도 수치가 상승한다.-역자 주)

감정적인 스트레스는 심지어 상심 증후군^{Broken-Heart-Syndrom}으로 이어질 수도 있다. 상심 증후군의 증상은 심장마비와 유사하다. 너무 큰 스트레스나 실연, 가족 사망 같은 감정적 충격을 받은 뒤 심장이 일시적으로 제대로 수축, 이완을 못 하게 되는 상태를 말한다. 여성의 경우 상심 증후군이 전체 응급 상황의 6%

를 차지한다.[2]

또한 연구에 따르면 말로 거절당하거나 상처받은 경험이 있는 사람은 혈중 염증 수치가 높아질 수 있다.

렉싱턴Lexington에 있는 켄터키 대학교에서 실시한 연구에서도 말이 실제 상처를 줄 수 있다는 점을 확인했다. 연구진은 진통제가 정신적 고통을 경감시켜 준다는 사실을 밝혀냈다. 이는 몸이 아플 때나 마음이 아플 때나 뇌가 같은 방식으로 반응하기 때문이다.[3]

물론 힘든 대화를 나눌 때마다 진통제를 복용하라는 말은 아니다. 다만 평소에 마음의 상처를 치유할 수 있는 좋은 방법을 찾아두는 것이 중요하다.

가장 자주 사용되는 폭력 _____

폭력적인 힘은 물리적 형태뿐만 아니라 언어적 형태로도 존재한다. 지빌레 크래머Sybille Krämer 교수는 특히 언어 철학 분야에서 언어적 폭력Linguistic Violence에 관한 중요한 연구를 수행해왔다. 그녀는 자신의 연구에서 언어가 긍정적, 부정적 감정을 모두 불러일으키고 전달할 수 있다는 점을 강조한다. 또한 말이

상처를 주고 마음을 병들게 할 수 있으며, 가장 광범위하고 가장 자주 사용되는 무기라고 언급한다.[4]

구조적 언어폭력은 교묘한 방식으로 또는 노골적으로 특정 개인이나 집단을 차별하고 소외시키는 행위를 조장하거나 지속시키는 언어 사용 방식을 말한다. 인종, 성별, 장애 등을 비하하는 표현이나 미디어에서 특정 집단을 비인간적으로 묘사하는 언어가 대표적인 예다.

반면 모욕적 언어폭력은 다른 사람에게 상처를 주거나 해를 입히기 위해 직접적으로 말하는 것을 뜻한다. 여기에는 모욕, 욕설, 위협, 고함 등이 포함된다. "넌 루저야. 넌 절대 못 해낼 거야!"라는 말이 해당한다. 경계는 유동적이나 둘 다 말로 하는 폭력의 형태라는 것은 변함이 없다.

특히, 많은 사람이 어린 시절부터 말로 하는 폭력을 경험한다. 유엔아동기금 유니세프는 "지금 하지 않으면 …할 거야" 또는 "셋 셀 때까지 …해" 같은 문장도 폭력의 한 형태라고 설명한다. 이러한 문장에는 폭력적인 위협이 담겨 있기 때문이다.

이러한 말 다음에 실제로 신체적 폭력이 있었는지 없었는지는 중요하지 않다.[5] 말로 하는 폭력은 아동기에서 보이는 가장 흔한 형태의 학대이며,[6] 아이들에게 상처를 주고 엄청난 스트레스를 유발하며 집중력과 학습 장애를 일으킨다.

어린 시절에 겪은 이러한 경험은 성인이 되었을 때 만성 허리 통증을 유발하기도 한다. 어린 시절에 심리적 폭력 등의 트라우마 경험을 한 사람들을 조사한 결과, 이들이 성인이 되었을 때 만성 질환을 앓을 위험이 2.7배 높은 것으로 나타났다.[7]

우리 몸은 이러한 형태의 언어폭력에 절대 익숙해지지 않는다. 공격의 대상이 자신이든 타인이든 관계없다. 심지어 모르는 사람이 말로 공격을 받을 때도 뇌가 반응하여 경계심이 높아진다.

연구 결과에 따르면 반복적으로 말 때문에 모욕과 상처를 받아도 뇌는 항상 같은 수준으로 반응한다. 언어폭력의 영향은 시간이 지난다고 해서 흐릿해지지 않는다.[8] 우리는 이러한 연구 결과를 진지하게 받아들일 필요가 있다. 말에 상처를 받는 사람들이 너무 예민하거나 과민한 사람처럼 여겨지는 경우가 아직도 너무나 많기 때문이다.

나를 지키는 세 가지 방법 _____

언어폭력으로 인한 마음의 상처를 완전히 피하기는 거의 불가능하다. 하지만 이에 건강하게 대처하는 법을 배우고, 효과적인 전략을 세울 수는 있다.

언어폭력을 당했을 때 처음부터 스스로를 피해자 위치에 두지 않는 것이 좋다. 대화 중 자신이 공격당하거나 상처받았다고 느껴진다면, 적극적으로 되묻는 자세가 필요하다. "그게 무슨 뜻이에요?", "무슨 뜻으로 그런 말을 한 거야?"와 같은 질문이 도움이 된다.

모든 사람이 자신의 뜻을 그대로 표현하는 것은 아니다. 그래서 그 말의 의도를 우선 확인함으로써, 상대가 어떤 뜻으로 그런 말을 했는지 다시 설명하고 다른 방식으로 표현할 기회를 줄 수 있다.

만약 상대방이 나에게 상처를 주거나 마음을 상하게 하려는 의도가 분명해 보인다면, 다음의 세 가지 방법이 큰 도움이 된다. 경계 설정하기, 직접적으로 이야기하기, 받아치기다. 이 세 가지 방법을 조합했을 때 자신을 가장 잘 보호할 수 있다. 공격을 당했을 때는 가능한 한 피해를 최소화하는 것이 중요하다는 점을 명심하자.

우리는 경계를 설정하고, 직접적으로 이야기하며, 받아침으로써 무력감에 빠지지 않고 자신을 적극적으로 보호해야 한다. 이러한 상황에서 벗어나지 못하면 결과적으로 큰 고통을 겪게 되는 경우가 많다. 그렇게 되면 자신감도 약해진다.

첫 번째 단계는 자신의 경계를 인식하고 현명하게 경계를 설정하는 것이다. 모든 사람은 저마다 서로 다른 경계를 가지고 있다. 그 유형은 다음과 같다.

- 사회적 경계: 나는 어떤 사람들과 시간을 보내고 싶은가? 나에게 좋은 사람은 누구이고, 그렇지 않은 사람은 누구인가?
- 감정적 경계: 누군가가 나에게 감정적으로 얼마나 가까이 다가올 수 있는가? 여기에는 힘든 감정으로부터 자신을 지키는 것, 그리고 거절할 수 있는 능력도 포함된다.
- 정신적 경계: 자신의 정신 건강을 보호하고, 정신적 부담을 주는 것들로부터 자신을 분리하는 것을 말한다.
- 신체적 경계: 누군가가 내 몸에 얼마나 가까이 다가올 수 있는가를 뜻한다.
- 시간적 경계: 나는 내 시간을 어떻게 관리하는가? 과중한 부담으로부터 나를 어느 정도까지 보호하고, 무엇에 우선순위를 두는가?
- 윤리적 경계: 나는 어느 정도까지 나의 가치관과 윤리적 기준을 지키며 행동하는가? 비윤리적인 행동과 거리를 두기 위해 나 자신을 어떻게 관리하는가?
- 영적 경계: 나는 나의 영성을 어느 정도까지 실천하고 있으

며, 내 영성이 존중받는 경험을 하고 있는가? 이 경계는 자신의 믿음 체계를 보호하는 것을 말한다.

○ 지성적 경계: 다른 사람들은 나의 의견과 아이디어, 관점을 어느 정도까지 존중하는가? 나는 내 생각을 잘 지키는 동시에, 다른 사람의 의견도 존중할 수 있는가를 말한다.

언어폭력을 당했을 때 이런 자신의 경계를 직접적으로 표현해 방어할 수 있다. 다음 문장들을 사용해 볼 수 있다.

○ 우리가 만나고 나면 가끔 에너지가 소진되는 것 같아. 그래서 나만의 시간이 필요해. (사회적 경계)

○ 지금은 감정적으로 너무 힘들어서 시간이 좀 필요해. (감정적 경계)

○ 이 상황이 정신적으로 너무 힘들어. 생각을 정리할 시간이 좀 필요해. (정신적 경계)

○ 나한테서 조금 떨어져 줄래? (신체적 경계)

○ 새로운 일을 맡기 전에 지금 하고 있는 일을 먼저 끝내고 싶어. (시간적 경계)

○ 이 결정은 내 가치관과 맞지 않아서 좀 불편해. (윤리적 경계)

○ 나는 나한테 중요한 것을 믿고 싶어. 그걸 존중해 줬으면

좋겠어. (영적 경계)

두 번째 단계는 직접적으로 말하기다. 앞의 이야기에서 모니카는 친구들에게 "네가 방금 한 말이 나에게 상처를 줬어." 또는 "네가 내 몸에 대해 그렇게 말하는 건 나한테 상처야."라고 말할 수도 있다.

다만 그러한 상황에서 말문이 막히거나, 생각이 거기까지 미치지 못했거나, 과도한 부담을 느껴 이런 말을 입 밖으로 꺼내지 못할 수도 있다. 그래도 전혀 문제 될 것은 없다. 그런 경우에는 며칠 뒤에 다시 대화를 시도하면 된다.

모니카는 며칠이 지난 뒤라도 친구들과 다시 대화하며 이렇게 말할 수 있을 것이다.

"지난번에 저녁 시간 같이 보내서 좋았어. 그때 너희가 필라테스 수업이랑 관련해서 했던 말을 다시 생각해 봤는데, 그 말이 나한테 상처가 되었다는 걸 알았어. 무슨 말인지 이해할 수 있겠니?"

문제의 사건이 일어나고 며칠이 지났더라도 그때의 이야기를 다시 꺼내는 것을 주저하지 말기 바란다. 때로는 감정이 격해졌을 때보다 감정이 조금 가라앉은 뒤에 더 명확하게 소통하기가 쉬울 때도 있다.

나를 지킬 수 있는 세 번째 방법은 받아치기다. 모니카와 같은 상황에 처했다면 받아치는 말이 도움이 될 수 있다.

물론 이런 말이 반드시 상황을 완화하는 데 도움이 되는 것은 아니다. 받아치는 대답은 말로 자신을 방어하는 데 도움이 되지만, 신체적으로 자신을 방어할 때처럼 상대에게 상처를 줄 수도 있다. 따라서 이러한 말은 비상 상황에서의 구명조끼처럼 사용하도록 한다.

말을 받아치는 것은 '나에게 이렇게 함부로 대하면 안 된다'는 메시지를 상대에게 명확하게 전달하는 태도다. 몇 가지 예를 들어 보겠다.

- 그 말은 오히려 당신이 어떤 사람인지를 더 잘 보여주네요.
- 그런 대화에는 끼고 싶지 않아요.
- 그건 개인적인 일처럼 들리는데요. 이 이야기를 계속하고 싶으신가요?
- 그렇게 말씀하시다니, 흥미롭네요.
- 네가 한 말에 좀 놀랐어. 난 우리가 서로를 더 존중하는 사이라고 생각했거든.
- 그렇다고 해서 저를 이런 식으로 대하셔도 된다는 뜻은 아니에요.

이러한 문장을 말할 때는 특히 감정적으로 반응하지 않도록 주의해야 한다. 또한 나에게 잘 맞고 편안하게 느껴지는 전략을 택하는 것이 중요하다. 이것은 모든 의사소통 상황에서 가장 중요한 부분이다.

나를 따뜻하게 바라보기 _____

마음의 상처 뒤에는 무엇이 숨겨져 있는지 미리 성찰해 보는 것도 필요하다. 다음 질문들은 마음의 상처를 성찰해 보는 데 도움을 줄 수 있다.

- 지금 정확히 무엇이 나에게 상처를 주는가?
- 지금 나는 어떤 감정을 느끼고 있는가?
- 그런 감정이 드는 정확한 이유는 무엇인가?
- 지금 내가 들은 말 때문인가, 아니면 다른 무엇 때문인가?
- 나는 그 감정을 어떻게 알아차릴 수 있는가?
- 이 상황에서 지금 나에게 필요한 것은 무엇인가?
- 앞으로 이런 상황에서 나는 어떻게 대처할 수 있을까?

마음의 상처를 스스로 되돌아보는 것은 매우 중요하다. 마음의 상처는 종종 과거에 받았던 상처가 다시 떠오른 것이거나, 우리가 스스로에게 가하는 자책인 경우가 많기 때문이다.

종종 자책은 다른 사람을 향한 비난으로 투사되기도 한다. 어떤 일에 자신이 없거나, 자신이 한 일에 화가 나 있는 상태에서는 상대방이 한 말을 훨씬 더 쉽게 비판이나 비난으로 인식하게 된다. 상대방에게는 그런 의도가 없었을 수도 있다. 그러다 보면 우리는 곧바로 상대방에게 잘못을 저질러 '자기 발등을 찍는' 위험에 처하기 쉽다.

이런 상황에서는 외부 환경이나 타인의 희생양이 되지 않도록, 자신을 되돌아보는 자기 성찰이 매우 중요하다. 다른 사람을 탓한다고 해서 자신의 진짜 문제가 해결되는 것은 아니다.

무엇보다 자기 자신을 연민하는 태도가 필요하다. 예를 들어, 스스로와 다정하게 내면의 대화를 나누는 방식이 있다. 많은 사람이 이미 충분히 힘든 상황인데도 모니카처럼 자신을 비난하고 자책하며 '나는 이걸 극복해야 해', '나는 너무 예민해', '마음에 담아두지 말자' 같은 말을 마음속으로 되뇌곤 한다. 그럴수록 자신에게 따뜻하고 다정하게 대하려고 노력해야 한다.

아이가 다쳐서 울음을 터뜨리면 위로를 받는다. 어른에게도 위로가 필요하다. 그러므로 자신에게 다정하게 말을 걸고 스스로를 위로하는 것이 좋다. 자기 연민에 도움이 되는 몇 가지 문장을 소개한다.

- 그 말은 나를 아프게 해. 그러니 나는 슬퍼해도 괜찮아.
- 다른 사람들이 뭐라고 하든 나는 소중한 사람이야.
- 나는 존중받을 자격이 있어.
- 나는 다른 사람의 의견에서 벗어나 내 길을 갈 거야.
- 나는 이제 이 부정적인 경험을 놓아줄 거야.
- 나는 이제부터 내 경계를 더 잘 지킬 거야.
- 나는 다른 사람들의 미숙한 말과는 거리를 둘 거야.
- 나는 평화와 차분함을 선택할 거야.

그리고 자기 자신이 기분이 좋아지는 일을 해 보자. 무엇이든, 그게 어떤 일인지는 여러분 자신이 가장 잘 알고 있다. 누구도 나를 함부로 대할 권리는 없다는 것, 존중은 나의 타고난 권리라는 것을 반드시 기억하길 바란다.

2장

"그 말은
무슨 뜻이었을까?"

**멈추지 않는
생각과 반추**

"올해 크리스마스 파티 준비는 제시카 씨에게 맡기려고 해요. 노아 씨는 투자자 미팅에 더 신경 써 주세요." 팀장이 노아에게 말했다. 노아는 작년에 사내 크리스마스 파티와 투자자 미팅을 모두 맡았던 터라 다소 놀란다.

"네, 알겠습니다. 그렇게 할게요." 노아가 답한다.

"잘 부탁해요." 팀장이 미소 짓는다. 노아는 사무실을 나와 자신의 책상으로 가서 가방을 챙긴다. 동료들에게 퇴근 인사를 건넨 뒤 회사를 나온다. 몇 분 후, 집으로 향하는 지하철. 그는 조용히 앉아 있었지만 머릿속에는 수천 가지 생각이 스쳐 간다. '올해는 왜 내게 크리스마스 파티를 맡기지 않는 걸까? 다들 말은 안 했지만 작년 파티가 마음에 들지 않았을 수도 있어. 팀장님께 지루했다고 불평했을지도 몰라. 그때 마니또 선물 교환은 하지 말았어야 했는데. 음식 가짓수도 다양하지 않았던 것 같아. 올해는 비건 메뉴도 준비하고 더 신경 써서 잘할 수 있는데.'

"괴테 거리. 내리실 문은 왼쪽입니다." 하차 안내 방송에 노아는 정신이 번쩍 든다.

그는 화들짝 놀라 가방을 챙겨 허겁지겁 내린다. 괴테 거리를 따라 집까지 걸어가며 다시 생각에 잠긴다. 집에 도착해 가방을 내려놓고 간단히 저녁을 먹은 뒤 소파에 앉는다.

'팀장님이 나한테 친절한 건 분명 아버지랑 건너 건너 아는 사이여서일 거야. 투자자 미팅을 같이 준비하자고 한 건 나를 더 잘 통제하려는 의도일지도 몰라. 내가 2주 전에 실수한 탓에 더 이상 날 신뢰하지 않는 거야. 다 망했어?' 노아는 생각의 굴레에서 벗어나지 못한다. 심장이 점점 더 빠르게 뛴다.

밤이 되어 침대에 누워도 잠을 이루지 못한다. 생각의 회전목마가 계속 빙글빙글 돈다.

'이제 어떡하지? 팀장님은 나를 어떻게 생각할까? 더 이상 실수해선 안 돼. 투자자 미팅을 잘 준비해야 할 텐데.' 노아의 마음은 점점 더 조급해지고, 끝내 잠이 오지 않는다.

✡ ✡ ✡ ✡

여러분도 이런 경험이 있는가? 머릿속에서 생각이 끝없이 이어져 멈추지 못한 적이 있는가? 노아는 생각의 굴레에 완전히 사로잡혀 있다. 상사의 말을 과도하게 해석하며 점점 더 깊이 빠져든다.

많은 사람이 일상에서 크고 작은 걱정에 빠진다. 이 과정에서 우리는 부정적인 생각에 갇혀 '그게 무슨 의미였을까', '이건 어떻게 해야 할까'라고 스스로에게 끝없이 질문을 던진다.

사실 우리가 일상에서 하는 생각은 대부분 부정적인 색채를 띠는 경향이 있다. 아무 걱정할 필요가 없고 나쁜 일이 일어나지 않음을 알고 있지만, 몸과 뇌는 이미 최악의 상황에 대비하기 때문이다.

스트레스 호르몬이 분비될 준비를 하고, 편도체와 변연계도 전속력으로 작동한다. 이 두 영역은 감정을 처리하며, 특히 위험을 평가하고 스트레스 반응을 일으키는 데 핵심적인 역할을 한다.

걱정이 걱정을 만든다 _____

고민을 한다는 것 자체가 때로는 그 고민을 만든 상황보다 더 큰 스트레스를 주기도 한다.[1] 생각의 굴레에 사로잡히면 해결책을 쉽게 찾지 못한다. 생각이 꼬리에 꼬리를 물수록 해결이 되기는커녕 걱정과 염려가 불어난다. 큰 불안에 휩싸이고 절망감, 무력감, 좌절감으로 이어진다. 끊임없이 맴도는 생각과 부정적 자기 대화가 뒤섞이며 악순환이 계속된다.

그러다 결국 파국적 사고로 이어진다. 이는 상황과 문제를 실제보다 훨씬 더 심각하고 위험하게 보는 경향이다. 생각을 계속 곱씹는 사람은 부정적 측면에 과도하게 집중하고, 극단적 결말을 떠올리며, 모든 일이 틀어질까 봐 걱정한다.

지나치게 깊은 생각과 부정적 사고는 뇌의 구조적 변화를 초래할 수 있다. 자주 활성화되는 회로가 더 강화되고 확장되기 때문이다. 부정적 생각에 자주 몰두하면 뇌는 '걱정 회로'를 더욱 발달시킨다. 반대로 긍정적 사고를 자주 연습하면 '긍정 회로'가 발달한다.

머릿속을 끝없이 맴도는 생각은 사람을 대하는 의사소통 능력에도 큰 영향을 미친다. 반복되는 생각과 걱정에 사로잡히면 의사소통이 불분명해지고, 앞뒤가 맞지 않고, 방어적으로 변한다. 그 결과 다른 사람들이 나의 상황과 감정을 이해하기가 점점 더 어려워진다.

예를 들어 노아가 다음 날 팀장에게 가서 이렇게 말한다고 하자. "더 이상 저를 못 믿으시는 거 알아요. 2주 전에 실수한 건 정말 죄송합니다. 투자자 미팅은 최선을 다해 준비할게요. 약속 드립니다." 그러면 팀장은 분명 어리둥절해할 것이다.

생각을 끝없이 반복하다 보면 적극적으로 경청하는 능력도 떨어진다. 특히 타인의 요구를 잘못 해석하기 쉽다. 적극적 경청이란 말하는 사람에게 온전히 집중하고, 상대의 말을 반복해 확인하며, 그 사람의 관점을 이해하려 애쓰는 것이다. 그러나 머릿속이 걱정과 생각으로 가득 차 있으면 상대의 말을 주의 깊게 들을 여유가 사라지니 경청이 가능할 리가 없다.

내 머릿속의 폭주 기관차 _____

사람은 보통 하루에 약 6만~8만 개의 생각을 한다. 뮌헨 막스 플랑크 연구소의 수석 심리학자 자미 에글리^{Samy Egli} 박사는 과도한 걱정과 생각을 하는 성향이 약 20~40%까지 유전적 요인에 의해 결정된다고 설명한다. 어느 정도는 유전적으로 물려

받는다는 것이다.[2]

과도한 걱정은 스트레스 대처 방식^{coping strategy}과도 관련이 있다. 스트레스나 부담을 느낄 때 어떻게 대응하느냐에 따라 고민과 걱정의 정도가 달라지는 것이다. 유용한 대처법을 익힌 사람일수록 대체로 고민을 덜 하는 경향이 있다.

베를린 막스 플랑크 인간 발달 연구소의 지몬 퀸^{Simon Kühn} 박사는 사람들이 지나치게 걱정하고 생각할 때 뇌에서 어떤 일이 일어나는지 연구했다. 퀸 박사에 따르면 생각을 곱씹는 성향이 뚜렷한 사람은 이른바 갈등 중추라 부르는 특정 뇌 영역에서 더 강한 활동을 보인다. 이 뇌 영역은 우리가 마음속으로 하는 혼잣말, 실제로 내뱉은 말, 갈등과 관련이 있는 것으로 알려져 있다.[3]

최근 연구에 따르면 과도한 생각에 빠질 때 특히 편도체와 해마가 활성화된다. 이 두 부위는 감정과 관련된 기억을 다루는 데 핵심 역할을 한다. 생각이 지나치게 많아지면 감정적으로 힘들었던 기억이 떠오르고 이를 머릿속에서 계속 되새기기 때문에 편도체와 해마가 활발해지는 것이다.

동시에 디폴트 모드 네트워크^{Default Mode Network}가 활성화되는데, 이 네트워크는 외부 자극에 집중하지 않고 내면의 생각에 몰두할 때 활성화된다.[4] 이렇게 자신에게 지나치게 집중하면 고민과 생각이 눈덩이처럼 불어난다. 자신의 문제와 불확실성에 대한 부정적 사고를 되풀이하는 악순환에 빠지고, 그럴수록 부정적 생각은 더 커진다. 객관적 시각은 흐려지고 혼자만의 생각에 갇히기 쉽다. 특히 우울증을 앓는 사람은 디폴트 모드 네트워크가 과도하게 활성화되어 있는 경우가 많다.[5]

결국 걱정과 생각을 끊임없이 반복하는 사람은 역기능적 자기초점 상태에 빠진다. 이는 자기 자신에게 비정상적으로 과도하게 집착하는 것을 뜻한다. 자신을 지나치게 비판하거나 의심하고, 과거 사건을 곱씹거나, 자기 이미지에 강박적으로 매달린다. 이런 상태는 엄청난 스트레스를 유발하고 심리적 문제로 이어질 수 있다.

이렇게 끊임없이 이어지는 생각은 둘로 나눠 바라볼 수 있다. 반추Rumination일 수도 있고 오버씽킹Overthinking일 수도 있다.

반추는 주로 과거의 사건, 특히 부정적이거나 힘들었던 경험을 지나치게 곱씹는 것을 말한다. 특정 상황을 반복해서 떠올리며 부정적 감정에 집착하고, 스스로를 책망한다. '왜 그런 짓을 했지? 더 빨리 알아챘어야 했는데!' 같은 생각이 그 예다.

오버씽킹은 보다 광범위한 개념이다. 특정 문제나 결정, 상황에 대해 명확한 해결책을 찾지 못한 채 과도하게 생각하는 것을 의미한다. 미래의 여러 시나리오를 그려 보고, 일어날 수 있는 결과를 지나치게 걱정하는 식이다. 이는 결정을 망설이게 하고 자신감을 떨어뜨려 정신적 스트레스를 유발한다.

오버씽킹은 반추처럼 자기비판과 자책을 동반한다는 점은 같지만, 타인과의 비교가 두드러진다는 특징이 있다. 예컨대 '다른 사람들은 모두 나보다 훨씬 잘하잖아!' 같은 생각이다. 또한 '이걸 어떻게 해낼 수 있지?', '이 일을 어떻게 조율해야 할까?', '팀장님이 나랑 무슨 이야기를 하려는 거지?'처럼 미래를 과도하게 걱정하는 형태로도 나타난다.

밤에 문제가 크게 느껴지는 이유 _____

많은 사람이 저녁이나 밤에 고민에 빠진다. 아예 잠을 이루지 못하거나 갑자기 깨어나기도 한다. 낮에는 별로 힘들지 않던 일도 밤이 되면 걱정되기 시작하고, 그런 걱정은 절망감과 불안으로 이어진다.

흥미로운 것은 아침에 일어나면 밤새 붙들고 있던 문제가 다시 아무렇지 않게 느껴지는 경우가 많다는 점이다. 밤에는 도저히 해결할 수 없을 것 같던 상황이 날이 밝으면 작은 어려움 정도로 보이고, 해결책도 떠오른다. 이런 변화에는 멜라토닌^{Melatonin}이 관여한다.

멜라토닌은 뇌의 송과선^{pineal gland}에서 생성되는 호르몬으로, 수면-각성 주기를 조절하는 데 중요한 역할을 한다. 주요 기능은 피로감을 유도하고 생체 리듬을 조정해 우리 몸이 수면을 준비하도록 하는 것이다. 이 과정은 약 24시간을 주기로 이루어지며 신체의 생리적, 행동적 기능을 조절하는 데 근본적 역할을 한다. 멜라토닌은 수면-각성 주기뿐 아니라 체온, 신진대사, 호르몬 균형 등 생명 유지에 중요한 여러 기능을 조절한다.

일반적으로 어두워지면 멜라토닌 수치가 증가해 잠잘 시간이라는 신호를 보낸다. 아침이 밝아오면 다시 감소해 몸이 깨어나게 된다. 날이 어스름해지면 곧바로 송과선이 멜라토닌을 분비하기 시작한다.

사람들은 밤에 깨어 있거나 갑자기 잠에서 깰 때 부정적인 생각과 잡념, 일시적인 '경미한 우울증'을 느끼곤 하는데, 이는 멜라토닌 농도가 높아졌기 때문이다. 수면 연구가 위르겐 줄리^{Jürgen Zulley}는 많은 사람이 새벽 2시에서 3시 사이 특히 부정적인 생각을 한다는 사실을 확인했다. 이 시간대에는 신체 기능이 거의 정지 상태에 가깝고, 사고도 한층 가라앉게 된다.[6]

멜라토닌 농도가 높아지면 동시에 도파민 농도는 낮아진다. 도파민은 행복감뿐 아니라 감정적, 정신적 반응과 운동 반응에도 관여한다. 아침에 일어나면 도파민 활성이 다시 빨라지고 멜라토닌은 감소한다. 밤에 하던 걱정이 아침이 되면 갑자기 대수롭지 않게 느껴지는 이유가 여기에 있다.

계절도 영향을 끼친다. 가을과 겨울철에 멜라토닌 농도가 높아지면 사람들은 위축되기 쉽고 대화 주제도 더 부정적이거나 걱정 쪽으로 기울기 쉽다. 그래서 어둑한 계절에는 존중받고 인정받으며 따뜻한 대화를 나누고 싶은 욕구가 커진다. 이런 대화가 '행복 호르몬' 분비를 촉진하기 때문이다.

이 점을 활용할 수도 있다. 예를 들어 회사의 연례 회의를 어두운 계절에만 몰아 두지 말고 최소한 연 2회 이상 나눠 진행하는 것이다. 겨울철 대화는 봄, 여름에 비해 다소 부정적이고 문제 중심으로 흐르기 쉽기 때문이다.

우리에게는 긍정이 필요하다 _____

다시 노아 이야기로 돌아가 보자. 노아에게는 긍정적인 생각을 키우는 일이 매우 중요하다. 부정적인 생각이 노세보 효과 Nocebo Effect를 부추기기 때문이다. 노세보 효과는 플라세보 효과의 반대 개념으로, 부정적인 기대와 믿음이 실제로 건강과 심리에 악영향을 미치는 현상을 말한다. 노아가 자신의 성과를 의심하면 실제 업무의 질이 떨어진다. 그로 인해 의욕이 낮아지며 스트레스가 증가한다.

여기서 중요한 점이 있다. 기분이 나빠서 생각이 끝없이 이어지는 것이 아니라, 오히려 끊임없는 생각이 기분을 나쁘게 만든다는 것이다. 생각을 계속 곱씹다 보면 마음이 병든다. 이는 과학적으로도 입증됐다. 예일 대학교 심리학 교수 수잔 놀란-혹스마Susan Nolen-Hoeksema는 생각을 자주 곱씹는 사람일수록 우울증 위험이 크다는 사실을 발견했다.[7]

의료 분야에서도 흥미로운 결과가 보고된다. 여러 연구에 따르면 긍정적 기대를 가진 환자들은 증상이 개선되고 통증이 완화되며 기분이 밝아지는 경향을 보이는데, 이는 엔도르핀 분비와 관련이 있다. 또한 병원 관계자의 배려와 세심한 돌봄을 받는다고 느끼면 스트레스가 줄고 체내 '자가 회복 메커니즘'이 활성화된다.[8]

걱정은 지극히 정상적이다. 특히 지금 같은 시대에는 더욱 그렇다. 중요한 것은 걱정과 생각에 휘둘리지 않는 일이다. 그렇다면 생각의 회전목마가 멈추지 않고 더 빨라질 때 우리는 어떻게 대처할 수 있을까? 자신을 보호하기 위해 할 수 있는 일을 살펴보자.

현재에 온전히 집중하는 법 _____

현재에 다시 오롯이 집중하려면 현실 점검이 도움이 된다. 이를테면 '나는 지금 침대에 앉아 있다'처럼, 관찰하듯 지금 상태를 말해 보는 것이다.

또한, 다음 질문들이 현재에 집중하도록 돕는다.

- 지금 내가 나를 위해 할 수 있는 일은 무엇일까?
- 지금 중요한 것은 무엇인가?
- 이 순간 내가 할 수 있는 일은 무엇인가?
- 지금 내가 할 수 있는 다음 단계는 무엇일까?

본인이 지나치게 부정적인 생각에 빠졌다고 느낄 때는 '10-10-10' 방법을 시도해 보자. 다음을 자문해 보는 것이다.

- 10주 후에도 이 일이 여전히 중요할까?
- 10개월 후에도 여전히 중요할까?
- 10년 후에도 여전히 중요할까?

우리는 대개 부정적 상황이 오래 지속될 것이라 생각한다.

10-10-10 방법은 상황을 '실제' 크기로 만들어 과대평가하지 않도록 돕는다. 존재하지 않는 최악의 시나리오를 계속 그리며 "만약 일이 잘못된다면?"이라는 가정에 빠져 있다면, 그 모든 시나리오는 아직 존재하지 않으며 그저 생각일 뿐임을 의식하는 것이 도움이 된다.

생각을 멈추는 다양한 연습 _____

상념을 줄이는 데 도움이 되는 방법으로는 요가, 호흡, 명상, 운동, 그림 그리기, 뜨개질, 산책 등이 있다. 특히 자연 속을 걷는 것은 반추를 줄이는 데 도움이 되는 것으로 입증되었다. 여러 연구에서 산책을 하면 반추와 관련된 전전두엽 피질의 특정 영역 활동이 감소한다는 사실이 확인되었다.[9] 중요한 것은 스트레스를 줄이고 현재에 집중하는 데 도움이 된다면 무엇이든 시도해 보는 것이다.

또한 사람들은 불안을 느낄 때 무의식적으로 얼굴, 팔, 머리카락 등 자신을 만지는 행동을 한다. 핵심은 이러한 접촉이 마음을 진정시키는 데 도움이 된다는 점이다. 이 방법이 잘 맞는다고 느껴지면 의식적으로 스스로를 만져 보자. 손을 주물러 보거나 상·하체를 문지르거나 두드려 본다. 그러면서 자신에게 가장 편안한 방식을 찾아본다. 내가 만난 상담자들은 한 손으로 다른 손을 감싸 쥐거나 팔짱을 껴 스스로를 안아 주기도 한다.

또 다른 기법으로 생각 멈추기를 권한다. 생각 멈추기는 부정적인 사고 패턴을 중단시키는 인지 기법이다. 부정적 생각이 떠오르는 순간 마음속으로 "그만!"이라고 외쳐 생각을 즉시 멈춘다. 아예 큰 소리로 외쳐도 좋다. 그런 다음 긍정적이거나 기분 좋은 것에 주의를 돌려 부정적 생각의 고리를 끊는다.

생각 멈추기 기법은 부정적 패턴을 깨고 건설적 사고에 집중하게 함으로써 긍정적 변화를 촉진할 수 있다. 지금 이 순간 긍정적이거나 기분 좋은 생각이 떠오르지 않는다면 주변 사물에 집중해 보자. 예를 들어 파란색, 갈색, 녹색 물건의 개수를 차례로 세어 보는 것부터 시작할 수 있다. 녹색을 다 셌다면 다른 색을 세면 된다. 형태나 재질 등 기준을 바꿔가며 연습해도 좋다.

'생각 멈추기'를 보완하거나 대체할 수 있는 방법으로 생각 정리하기 기법도 있다. 떠오르는 생각을 차례로 살펴본 뒤 분류하는 것이다. 예를 들어 미래, 현재, 과거처럼 시간순으로 정리하거나 걱정, 슬픔, 분노 등 라벨을 붙일 수 있다. 이 기법은 초점을 바꾸고 생각을 의식적으로 구조화해 부정적 사고의 고리를 끊는 데 도움이 된다. 자신에게 맞는 방법을 찾아보자.

쓰기가 주는 안정의 힘 _____

많은 연구에 따르면 일기 쓰기는 부정적 사고의 고리를 끊고 수면의 질을 높이는 데 효과적이다.

일기는 과거 사건에 대한 반성, 미래 목표 계획, 창의적 표현, 감사 연습 등 다양한 내용으로 쓸 수 있다. 단 15분만으로도 긍정적 효과가 나타난다. 특히 잠들기 15분 전에 감사 일기를 쓰면 수면이 개선되는 것으로 보고되었고,[10] 규칙적 기록은 면역 체계 강화에도 도움이 된다.[11]

걱정과 두려움은 막연하게 느껴지기 쉽다. 꾸준한 기록은 상황을 더 명확히 파악하고 여러 관점에서 바라보도록 돕는다. 글쓰기를 통해 감정적 거리를 확보해 상황을 보다 분석적으로 볼 수도 있다. 이 밖에도 일기는 스트레스를 줄이고 창의성을 높이며 불안을 완화한다는 효과가 다양한 연구에서 확인되었다.

브레인 덤핑은 해야 할 일, 아이디어, 머릿속 걱정 등 지금 생각나는 것을 여과 없이 그대로 써 내려가는 기법이다. 예쁘게 쓰지 않아도 되고 문장 구조나 정리에 신경 쓰지 않아도 된다. 맞춤법, 문법, 논리도 생각하지 않아도 된다. 그저 떠오르는 대로 쓰다 보면 해야 할 일과 안 해야 할 일이 구분되고, '내가 이런 것으로 고민하고 있었나' 하는 부분이 보인다. 그저 씀으로

써 마음이 가벼워지고 정신이 맑아지는 것이다.

예를 들면 다음과 같다. "빨래해야 해, 빨래 바구니가 넘치네, 어젯밤 영화 정말 재미있었어, 읽고 싶던 책이 생각났어, 할 일이 쌓였지만 먼저 커피부터 마셔야겠어, 그때 걔가 나한테 화냈었는데, 온라인 뱅킹 비밀번호가 뭐더라, 곧 친구 생일인데 무슨 선물을 살지 생각해야 해, 상품권이 좋겠지, 오늘 햇볕이 좋네, 공원에 산책 갈까, 신선한 공기를 마셔야지, 생각을 정리하면 모든 게 잘될 거야."

중요한 것은 모든 것을 혼자 견디거나 처리할 필요가 없다는 점이다. 부정적 생각이나 상념이 반복되어 스트레스를 느낀다면, 믿을 수 있는 주변 사람과 이야기하거나 전문가의 도움을 받기를 권한다.

3장

"네가 좋을 대로 해"

**수동공격적
화법**

"주말에 뭐 하면 좋겠어? 영화 보러 갈까, 아니면 집에서 TV 볼까?" 멜라니가 남편 토마스에게 묻는다. 둘은 함께 저녁을 먹는 중이다. 테이블에는 갓 구운 빵과 치즈가 놓여 있다. 둘은 늘 그랬듯 다가올 주말을 어떻게 보낼지 이야기한다.

토마스가 잠시 생각한 뒤 말한다. "여유롭게 TV 보면서 보낼까? 피자도 시키자." 그는 미소를 지으며 치즈 올린 빵을 한입 베어 문다.

멜라니가 시큰둥하게 대답한다. "우리 같이 외출한 지 오래됐잖아, 자기야."

토마스는 아직 멜라니를 보지 않은 채 말한다. "매일 사무실에 같이 가잖아. 그게 외출이지 뭐." 그는 또 한입 베어 물고 이어서 말한다. "그래도 자기가 영화 보고 싶다면 그것도 좋지. 요즘 볼 만한 영화가 뭐가 있지?"

"무슨 영화를 보느냐는 중요하지 않아. 우리가 함께 시간을 보내는 게 중요하지. 그래도 자기가 집에서 쉬고 싶다면 그것도 괜찮아." 멜라니가 손사래를 치며 말한다.

토마스는 '함께 시간을 보낸다'는 말이 잘 이해되지 않는다. 소파에 나란히 누워 TV를 보는 것도 함께 시간을 보내는 것이 아닌가? 그는 멜라니를 힐끗 바라본다. 자신의 제안이 마음에 들지 않는 눈치다. "자기야, 그럼 영화 보러 가자?" 토마스가 말한다.

멜라니는 그를 보지 않은 채 말한다. "아니야, 아니야. TV 보면서 피자 먹는 것도 좋아."

토마스는 슬슬 불안해진다. 아내의 익숙한 말투에서 뭔가 심상치 않음을 감지한다. 그는 다시 묻는다. "정말이야? 영화 보러 가자니까?"

"아니야, 자기가 원하는 대로 해. 난 괜찮아."

멜라니는 빵을 한입 베어 물고는 아무 말도 하지 않는다.

✧ ✧ ✧ ✧

이 대화에서 멜라니는 토마스에게 수동공격적인 발언을 한다. 겉으로는 영화관과 집에서 TV 보기 두 가지를 제안해 표면상의 선택권을 주지만, 실제로는 영화관에 가고 싶다.

이는 수동공격적 대화의 전형적 시작점이다. 대화 내내 멜라니는 소파에서 주말을 보내자는 제안에 마지못해 동의하지만 마음은 다르다. 토마스가 집에서 쉬자는 선택을 하자 실망감을 느낀다.

원하는 것을 말하지 않는 이유 _____

수동공격적 의사소통은 부정적인 감정을 직접 드러내지 않고 우회적으로 표현하는 방식이다. 자신의 요구를 분명하게 말하지 않거나 의견 차이를 밝히지 않은 채 간접적 발언, 표면상의 동의, 비언어적 신호로 불만을 전한다.

수동공격적 의사소통은 여러 형태로 나타난다. 대표적으로 간접적 표현이 있다. 부정적 메시지를 직접 말하지 않으면서도 전달하는 방식이다. 예를 들어 "네가 많이 바쁜 듯하니까 공동

프로젝트는 내가 알아서 할게. 잘할 수 있을지는 모르겠지만."처럼 말한다.

또 다른 형태는 비꼬거나 빙빙 돌려 말하는 것이다. 문제점을 빈정거리는 말투로 전해, 진지하지 않은 척 드러낸다. "이런, 또 회의에 늦으셨네요. 뭐, 그럴 수도 있죠."

넌지시 암시하는 방식도 있다. 비판과 불만을 직접 언급하지 않고 미묘하게 드러낸다. "다른 사람들도 커피머신에 원두 좀 채워 놓으면 좋을 텐데. 다들 너무 바쁘니까 힘들겠지."

의도적으로 일을 느리게 하거나 허술하게 마무리하는 행동, 바보인 척하기, 과하게 무뚝뚝한 응답, 마음과 달리 겉으로만 동의하는 태도도 수동공격적 행동에 해당한다.

특정 표현을 예를 들면 다음과 같다.

- 아니야, 좋아!
- 뭐, 괜찮아.
- 그래, 그렇게 해.
- 난 그것도 괜찮아.

무엇보다 이런 말을 할 때 그 사람의 말투나 표정을 보면, 그 말이 진심이 아님을 알 수 있다.

수동공격적으로 행동하는 이유는 매우 다양하며, 항상 부정적 의도가 있는 것도 아니다. 임상심리학자 라이너 작세[Rainer Sachse]는 수동공격적으로 행동하는 사람들은 종종 타인의 침해나 폄하로부터 자신의 경계를 지키는 것이 목적이라고 설명한다. 이를 적극적으로 해내지 못하기 때문에, 수동적으로 혹은 심지어 조작적으로 자신을 보호하려 한다는 것이다. 이러한 행동 뒤에는 대개 자율성 욕구와 통제권을 내주는 것에 대한 두려움이 자리한다.[1]

그들은 타인이 자신의 경계를 반복적으로 침범하는 이유를 '자신을 무시하기 때문'이라 해석하는 경향이 있다. 그래서 인정과 존중에 대한 욕구가 커지고, 이를 수동공격적 의사소통으로 달성시키려 하는 것이다.[2]

수동공격적 행동을 보이는 사람은 갈등을 회피하는 경향이 있고, 자신의 요구를 표현하거나 문제를 소통하는 법을 배우지 못했을 가능성이 크다. 이는 곧 회피 전략으로 이어진다. 수동공격적 행동은 피드백을 받는 상황에서도 자주 나타난다. 정당한 피드백을 본인이 수행한 일이나 심지어 자기 존재를 깎아내리는 공격으로 받아들이기 때문이다.

수동공격적으로 행동할 때는 분노가 강하게 억제되어 겉으로 거의 드러나지 않는다. 연구에 따르면 이러한 행동양식은 이미 어린 시절에 형성된 경우가 많다. 특히 갈등을 대화로 풀기보다 '굳게 입을 다무는' 방식이 일반적이었던 환경에서 자란 사람은 수동공격적 양상을 보이기 쉽다.

갈등 상황에서 고함이 오가거나 신체적 폭력이 빈번했던 가정에서 자란 아이들도 마찬가지다. 아이들은 가까운 어른들의 갈등 대처 방식을 보고 배우며, 이를 모방한다.[3] 작세는 이런 아이들이 부모를 매우 지배적이고 고압적인 존재로 경험했을 가능성이 높다고 본다. 이러한 경험은 성인이 된 뒤 수동공격적 의사소통으로 이어지기 쉽다. 문제는 억압된 채 수동공격적으로 대응할수록 오히려 가장 두렵고 피하고자 하던 갈등이 더 잘 발생한다는 것이다.

수동공격적 의사소통은 그런 방식으로 소통하는 사람 자신에게도, 그들과 소통하는 상대에게도 영향을 미친다. 이렇게 소통하는 사람들은 자신의 욕구와 감정을 자주 억누르며, 이는 몸에 큰 스트레스를 일으킨다. 신체적으로는 고혈압, 당뇨, 심장 질환, 위장 문제, 두통, 피부 질환, 수면 장애, 신장 손상 등이 나타날 수 있고, 심리적으로는 중독, 불안 장애, 우울증으로 이어질 수 있다.

또한 수동공격적 행동은 모든 종류의 대인관계에 악영향을 준다. 인간은 사회적 존재이기에 소속감은 기본적 심리 욕구다.

수동공격적 양상을 보이는 사람들은 통제권을 갖고 인정받기를 원하지만, 오히려 악순환이 생긴다. 통제와 인정을 얻지 못하면 수동공격적으로 행동하고, 그로 인해 주변 사람들이 거리를 둔다. 오히려 덜 존중받고 인정받게 된다. 이는 수동공격적 행동을 더욱 심화시키고 우울을 일으킨다. 억눌린 감정이 직장에서의 관계든 사적인 관계든 모두에 해를 끼치는 것이다.

결국 낮은 자존감이 원인이다 _____

반대 의사를 분명히 밝히지 못하고, 자신의 경계를 지키거나 욕구를 표현하는 데 어려움을 겪으면 자존감이 떨어질 수밖에 없다. 바젤 대학교의 율리아 프리데리케 조비슬로Julia Friederike Sowislo와 울리히 오르트Ulrich Orth의 연구에 따르면 낮은 자존감은 우울증의 원인이 될 수 있다.[4]

우선 용어를 정리해 보자.

- 자기 신뢰: 나는 내 능력을 믿는다. 나는 나 자신을 믿는다.
- 자기 인식: 나는 나를 잘 알고, 내가 누구인지 안다.
- 자존감: 나는 내가 얼마나 소중한지 안다.

- 자기 수용: 나는 나 자신을 있는 그대로 받아들인다.
- 자기 확신: 나는 나 자신을 확신한다.

수동공격적으로 행동하는 사람들은 자기 자신을 믿지 못하는 경험을 자주 한다. 경계를 설정하지 못해 감정을 억누르고, 그 결과 경계가 반복적으로 침범당하면서 스스로를 자책한다.

어떤 이들은 이러한 악순환을 인식하지 못한 채 잘못을 타인에게 돌린다. 타인을 배려심 없고 공격적이며 무례하다고 여기면서도 대화를 시도하지 않는다. 이들은 타인에게 매우 높은 기대치를 품고도 그것을 말하지 않으며, 그로 인해 반복적으로 실망하고 수동공격적 행동을 강화시킨다. 이러한 경험은 불신과 불만을 한층 키운다.

물론 수동공격적인 말은 상대에게도 영향을 미친다. 사람들은 메시지가 실제로 그런 의도였는지 아닌지를 대체로 잘 감지하기 때문에, 그런 말을 들으면 심리적 부담을 느낀다. 가장 큰 문제는 아무리 노력해도 상황을 풀기 어렵다는 점이다. "정말 괜찮아?"라고 거듭 확인해도 "응, 괜찮아. 다 좋아."라는 답만 돌아오기 때문이다. 이런 반응은 불안, 좌절감, 혼란, 분노를 불러일으킨다. 특히 관계의 조화를 중시하는 사람일수록 불안이 커진다.

수동공격적 말에서 벗어나기 _____

자신이 수동공격적으로 소통한다고 느낀다면, 본인을 위해서라도 명확한 의사소통을 하려 노력해야 한다. 여기에 도움이 될 만한 팁들이 있다. 먼저 다음 질문에 답하며 스스로를 돌아보자.

- 나는 어떤 상황에서 수동공격적으로 소통하는가?
- 나는 어떤 두려움을 갖고 있는가? 원하는 것과 원치 않는 것을 분명히 말하면 어떤 일이 일어날까?
- 명확한 의사소통을 위해 무엇이 도움이 될까?

다음 단계는 연습, 연습, 또 연습이다. 자신의 경계와 필요를 인식하려고 해 보자. 이를 먼저 스스로 인식해야만 그것을 지지하고 지켜 낼 수 있다. 그다음에는 "아니요"라고 말하는 법, 갈등을 다루는 법, 자신의 필요를 표현하는 법을 연습할 수 있다. 이는 어느 정도의 시간이 필요한 일이다. 동시에, 갈등 상황은 결코 완전히 편안해지지 않는다는 사실을 알아 두자.

앞의 이야기에서 멜라니는 다음번에 남편과 대화할 때 주말에는 함께 외출을 하고 싶다는 바람을 분명하게 표현할 수 있을 것이다. 그러면 그 대화는 아마 전혀 다르게 흐를 것이다.

특히 연습 초반에는 이런 대화를 미리 준비해 두면 큰 도움이 된다. 당신은 상대에게서 무엇을 원하는가? 상대를 탓하는 말 대신, 내 바람, 부탁, 감정을 나-메시지$^{I-message}$로 표현한다. 처음에는 약간의 용기가 필요할 수 있다. 이는 마치 아이가 처음 자전거를 타는 것과 같다. 아이는 먼저 스스로와 자신의 능력을 믿을 수 있어야 안전하게 자전거를 탈 수 있다. 아이가 자전거를 타는 경험을 반복할수록, 자신의 능력에 대한 신뢰는 더욱 커진다.

다음은 그런 '나-메시지'의 몇 가지 예시다.

- 커피 원두가 다 떨어지면 채워 주세요. 부탁드려요.
- 저는 시간을 지키는 게 매우 중요하다고 생각해요. 다음부터는 회의에 제시간에 참석해 주세요. 부탁합니다.
- 나는 이 해결책이 별로 좋지 않은 것 같아. 나중에 다시 이야기할 수 있을까?
- 지금 너무 고민이야. 친구들과 주말을 보내고 싶기도 하고 너를 혼자 두고 싶지도 않아. 우리 이 얘기 좀 할 수 있을까?
- 나는 네가 우리 프로젝트에 충분한 시간을 들이지 않는 것 같아 걱정이야. 내가 무슨 말 하는지 알겠니?

이미 "그래, 다 좋아!"라고 동의했지만 사실은 진심이 아니었다면, 상황을 되돌릴 기회는 여전히 있다. 한번 한 말을 번복해도 전혀 문제가 되지 않는다. 그럴 때는 다음처럼 말할 수 있다.

- 다시 생각해 보니 저에게 좋은 결정은 아닌 것 같아요.
- 어제는 차마 말씀을 못 드렸는데, 그 일을 추가로 맡는 건 제게 너무 벅찰 것 같아요. 다시 조율해 보고 싶어요.
- 주말에 뭘 할지 다시 이야기하고 싶어. 자기랑 영화관에 가고 싶어.

수동공격적으로 소통하는 사람과 대화해야 한다면, 상대에게 직접적으로 말하거나 다시 한번 되물어 보자.

- 나는 지금 네가 괜찮지 않은 것 같다는 느낌이 들어. (그렇게 느낀 이유를 덧붙인다.)
- 나는 네가 영화 보러 가는 걸 더 원하는 것 같아. 내 말이 맞아?
- 네가 지금 정말 원하는 게 뭐야?
- 지금 우리 의견이 갈리는 것 같아요. 정확히 무엇을 원하는지 설명해 주시겠어요?

이때 상대를 비난하거나 책임을 전가하는 말을 피하자. 가능한 한 공감적으로 접근하며, 필요하다면 해결책을 함께 제시하자.

우리는 이렇게 말하면 상대가 마음을 열고 문제에 대해 솔직하게 이야기할 것이라고 기대하게 된다. 그러나 상대가 마음을 닫고 "다 좋아", "괜찮아"라는 말만 되풀이할 수도 있다. 상황이 극단적으로 치달으면 피해자와 가해자가 뒤바뀌게 된다. 상대가 "나를 믿지 못하겠다니? 그게 무슨 말이야? 나는 괜찮다고 이미 말했잖아."라고 하며 판을 뒤집는 것이다.

이러한 논쟁을 하는 것은 바람직하지 않다. 그럴 때는 일단 상황에서 벗어나 거리를 두는 것을 우선으로 하자.

4장

"나는 부족한
사람이야."

**스스로를 무너뜨리는
왜곡된 자아**

　“저는 좋은 엄마가 아니에요.” 휴. 이 한마디가 꽤 세게 와닿는다. 입이 바짝 마른다. 나는 노트북 앞에서 얼어붙은 듯 가만히 앉아 있다. 화면 너머에는 사라가 있다. 우리는 지금 일대일 상담 중이다. 그녀가 내뱉은 말은 마치 거대한 코끼리처럼 공간을 짓누른다.

　사라는 40대 초반, 갈색 웨이브 머리에 베이지색 셔츠와 오버사이즈 카디건을 즐겨 입는다. 따뜻한 분위기가 느껴진다. 그녀는 교사이자 두 아이의 엄마, 아내이며, 매우 쾌활한 사람이다.

　“왜 그런 생각을 하게 되었나요?” 내가 묻는다.

사라는 내 질문에 살짝 놀란다. 아마 내가 그녀의 부족함을 이미 알고 있고, 다정한 엄마가 되도록 도와줄 거라 기대했던 듯하다.

"글쎄요, 저는 아이들에게 무서운 엄마 같아요. 너무 엄격하고 잔소리만 해요. 인스타그램에서 다른 엄마들 글을 보면 죄책감이 들어요. 그런 엄마들은 아이들을 위해 끊임없이 새로운 놀이를 생각하고 무슨 일이 있어도 평정심을 잃지 않아요. 그런데 저는 하루 종일 화만 내고 있어요. 항상 스트레스를 받고, 퇴근하고 아이들과 놀아주는 게 귀찮을 때가 많아요. 아이들도 그걸 느끼는 듯해요." 사라는 답이 없는 듯 말한다.

나는 바로 다음 질문을 던진다. "그 '무서운 엄마'라는 것이 구체적으로 어떤 모습인가요?" 그녀는 기억을 더듬듯 잠시 천장을 올려다본다.

"항상요." 사라가 깊게 숨을 쉰다. "아침이면 출근 시간에 맞춰 나가야 하니까 아이들에게 잔소리를 많이 해요. 옷 입어, 양치해, 이리 와서 아침 먹어. 오후에도 숙제를 제대로 집중해서 하라고 많이 혼내요. 저녁에는 제가 다음 날 수업 준비를 해야 하니까 또 조용히 하라고 하죠." 그녀는 생각을 가다듬으며 말을 잇는다. "아이들을 압박하고 싶지 않아요. 마땅히 받아야 할 사랑만 주고 싶어요. 지시만 하는 사람이 되고 싶지도 않고, 책상에 파묻혀 사는 사람도 되고 싶지 않아요." 잠시 침묵이 흐른다.

"그 무서움이 도움이 될 때도 있나요?" 나는 '무서움'이라는 단어를 강조해 묻는다.

"학교에서는 필요해요. 안 그러면 학생들이 제멋대로 굴거든요." 그녀가 살짝 웃으며 대답한다.

"무서움이 당신의 일하는 모습을 표현하기에 적절한 단어라고 생각하나요?" 나는 곧이어 질문한다.

그녀는 미간을 찌푸리며 곧바로 답한다. "아니요, 그건 아닌 것 같아요. 학생들은 제가 무섭지 않아서 좋다고 하거든요. 저는 아이들이 즐겁게 배우는 게 중요하다고 생각해요. 그런데 집에서는 그게 잘 안되는 느낌이 들어요."

"그렇다면 '무서움'보다 더 좋은 표현이 있을까요?"

"저는 아주 명확한 태도로 아이들에게 질서와 안정을 주려고 해요." 그녀는 자신도 믿기지 않는 듯한 표정으로 말한다.

"어쩌면 사라 씨의 자녀들도 그런 안정감을 좋게 느끼지 않을까요?"

"음… 네, 그럴 수도요. 아이들이 일상 루틴을 좋아하는 것 같기도 해요. 아침에 가족이 하루를 함께 시작하고, 숙제하기 전에 잠깐 놀다가 저녁에 책 읽는 시간 같은 것들이요. 아이들에게 한번 물어볼게요."

✿ ✿ ✿ ✿

사라는 본인이 아이들에게 지나치게 엄격하고, 이 사실을 모두가 알고 있다고 확신한다. 그리고 이를 '무서움'이라 지칭한다. 사라는 자신을 매우 부정적으로 평가한다. 하지만 그녀가 말하는 엄격함이란 일종의 질서에 가깝다.

언어는 현실을 만든다. 우리가 사용하는 말은 우리의 현실을 구성하고 자아상을 특징짓는다. 자아상이란 개인이 자신에 대해 갖는 주관적 인식, 즉 자신을 바라보고 정의하며 평가하는 방식을 뜻한다.

사라는 '다정하지 않음', '무서움', '엄격함' 같은 단어를 사용한다. 그런 말들로 자신의 현실을 규정하고, 스스로 실패했다는 괴로움을 지고 살아간다. 이렇게 그녀는 자신의 자아상을 정해 버린다.

나에게 좋은 말을 해야 하는 이유 _____

사라가 말하는 단어들은 그녀의 상황을 정확히 설명해 주지 않는다. 자아상은 여러 요인이 얽힌 복합적 구조다. 자기 인식과 자기 평가, 타인의 피드백, 사회적 비교, 영향력 있는 사건 등이 작용한다. 사회적 규범, 개인의 신념, 어린 시절의 경험 또한 자아상 형성에 중요한 역할을 한다. 이러한 요인들에 따라 자아상은 고정되지 않고 끊임없이 변화하고 발전한다.

여러 연구에 따르면, 스스로에게 따뜻하게 대하는 사람들은 우울증에 걸릴 확률이 낮고 일과 인간관계에 대해 전반적으로 더 만족한다.[1] 자신을 대하는 방식이 자아상에 직접적인 영향을 미치고, 이것이 행복으로 이어지는 것이다. 따라서 우리는 자신을 표현하는 단어에 주의를 기울여야 한다.

말은 실제 결과에 놀라울 만큼 큰 영향을 준다. 잘될 것이라 말하면 그 가능성이 커지고, 반대로 안 될 것이라 단정하면 그쪽으로 기운다.

우리가 생각하고 말하는 방식은 뇌의 작동까지도 바꾼다. 뇌는 자신의 가정을 뒷받침하는 단서를 일상에서 끊임없이 찾는 경향이 있다. 그 과정에서 우리가 보는 것이 현실 그 자체가 아니라 스스로 만들어 낸 '가짜 현실'일 수 있다는 사실을 놓치기 쉽다.

관계에서도 같은 원리가 작동한다. 사라가 아이들에게 했던 것처럼, 타인의 마음을 속단하기보다 먼저 물어보는 편이 낫다. 추측하지 말고 질문하면, 상대의 실제 생각이 내 짐작과 놀랄 만큼 다르다는 사실을 알게 된다.

부정적 자아상을 바꾸는 리프레이밍 _____

우리는 부정적인 자아상과 반대되는 증거를 찾아보고 관점을 바꿔 볼 필요가 있다. 사라 같은 사람에게 도움이 되는 것은 이른바 리프레이밍Reframing이다.

리프레이밍은 영어 'frame'에서 유래했다. 말 그대로 사건이나 감정에 새로운 틀을 부여하는 것이다.

리프레이밍을 좀 더 구체적으로 나누면 맥락 리프레이밍과 의미 리프레이밍이 있다. 이 개념은 인지행동치료에서 비롯되었으며, 상황에 대한 관점과 해석을 바꾸는 것을 목표로 한다.

맥락 리프레이밍은 상황을 다른 시각과 맥락에서 바라보는 것을 말한다. 대안적 시각을 취해 상황을 인식하는 방식을 바꾸는 능력이다. 이를 통해 자신의 관점을 넓히고 새로운 가능성과 해결책을 발견할 수 있다.

- 내 행동이 어떤 맥락에서 유익한가?
- 이 맥락/환경은 어떤 영향을 미치는가?
- 다른 맥락/환경에서는 내 감정이 어느 정도 달라질 수 있는가?
- 이 행동이 언제, 어디에서 나에게 도움이 된 적이 있었는가?

이런 경우가 맥락 리프레이밍의 예가 될 수 있다. 여러분의 친구 페터는 고집이 매우 세다. 본인도 이 성격을 부정적으로 평가한다. 이때 그는 이 '고집'이 다른 맥락에서 도움이 될 수 있는지 스스로에게 물어볼 수 있다. 페터는 영업직으로 일하는데, 이 분야에서는 그의 고집스러움이 빛을 발한다. 그는 끈기 있게 질문을 이어 가며 인내심을 잃지 않는다. 업무에서는 페터의 고집이 장점으로 작용한다.

이처럼 다양한 관점에서 바라보면 그는 자신의 고집을 더 잘 이해할 수 있다. 또한 고집이 업무 상황에서는 도움이 되지만 사적인 상황에서는 더 유연하게 타협할 필요가 있음을 깨달을 수 있다.

반면 의미 리프레이밍은 상황의 의미나 해석을 바꾸는 것을 말한다. 보다 건설적인 의미를 찾기 위해 대안적 관점을 취하거나 다른 판단을 내리는 능력이다. 이를 통해 우리는 어떤 상황에 대한 부정적인 생각과 판단을 다시 돌아보고, 보다 긍정적이고 현실적인 관점으로 바꿔 볼 수 있다.

o 나는 이 상황에 어떤 의미를 부여하는가?
o 다른 사람들은 이 상황을 어떻게 판단할까?
o 이 상황을 어떤 다른 시각으로 바라볼 수 있을까?

ㅇ 이 상황이 나에게 어떤 기회를 열어 줄 수 있을까?

예로, 페터가 입사 지원에서 탈락 통보를 받았다고 하자. 그는 이 상황을 개인적 실패나 거절로 받아들이는 대신, 더 나은 무언가가 자신을 기다리고 있으며 이 탈락이 개인적으로 성장할 기회라고 여길 수 있다.

리프레이밍은 현실을 무조건 아름답게 포장하자는 것이 아니다. 무력감을 덜 느끼고 상황을 더 잘 다스릴 수 있다는 자신감을 갖는 것에 가깝다.

맥락 리프레이밍과 의미 리프레이밍 같은 인지 도구는 부정적 사고 패턴과 굳어진 신념을 깨는 데 도움을 준다. 새로운 관점을 받아들이고 긍정적 의미를 찾으며 상황을 더 건설적으로 해석하도록 한다. 결과적으로 이는 자신을 더 다정하게 대하는 데 도움이 된다.

스스로를 다정하게 대하자 _____

자신에게 더 다정하게 대할수록 세상을 바라보는 시선도 더 호의적이고 긍정적으로 바뀐다. 이는 무엇보다 우리 뇌의 시

상^{thalamus}과 인지 필터와 관련이 있다.[2]

시상은 감각 정보를 처리하고 전달하는 데 중심적인 역할을 하는 뇌 구조다. 인지 필터는 정보를 선택적으로 처리하고 해석하는 뇌의 메커니즘을 말한다. 이 필터는 우리 뇌가 받아들이는 막대한 감각 정보를 분류하고 우선순위를 정하도록 돕는다. 즉 중요한 정보에 집중하고, 중요하지 않거나 과도한 자극은 걸러낼 수 있게 한다.

만약 이 인지 필터가 '부정적'으로 설정되어 있다면 일상에서 거슬리는 것들이 더 많이 보인다. 반대로 '긍정적'으로 설정되어 있다면 똑같은 상황에서도 좋은 부분을 더 많이 의식하게 된다.

따라서 자신에게 엄격해지기 쉬운 순간을 대비해 긍정적인 인지 필터를 활성화할 필요가 있다. 이때 자기 연민을 실천해 보면 큰 도움이 된다. 자신에게 따뜻하게 공감하며 다정하게 대하는 소통 방식은 회복탄력성을 키우는 효과적인 방법이다.

자기 연민은 특히 어려움이나 실수, 고통이 따르는 순간에 자신에게 다정하게 대하고, 자신을 이해하고 받아들이는 능력이다. 자신의 생각과 감정, 행동을 호의적으로 바라보는 것을 뜻한다. 과학적 연구에 따르면 자신에게 공감하는 태도를 지닌 사람은 스트레스를 덜 받고 불안감이 적으며, 다른 정신 질환을 앓을 가능성도 낮다.[3]

미국의 학자 크리스틴 네프^{Christin Neff}는 자기 연민을 세 가지 요소로 나눈다.⁴

자기 친절은 자신을 비난하거나 엄격하게 평가하는 대신 따뜻한 마음으로 친절하게 대하고 이해하는 것이다.

인간 공통의 경험에 대한 인식은 우리가 겪는 일이 결코 혼자만의 경험이 아니라는 사실을 이해하는 것이다. 우리는 힘든 하루를 보내거나 실수하거나 부정적 피드백을 받으면 자신만 이런 일을 겪는다고 여기기는 경향이 있다. 그러나 이런 일은 누구에게나 일어나며 지극히 정상적이다.

마음 챙김은 자신의 생각과 감정, 욕구를 의식적으로 인식하는 것을 말한다. 이때 중요한 것은 '인식'이지, 판단하거나 거기에 휩쓸리는 것이 아니다.

자기 연민이 강한 사람은 실수나 잘못에 대해 과도하게 자책하지 않는다. 그래서 같은 일이 일어나더라도 자기 연민이 부족한 사람보다 부정적 감정을 훨씬 덜 느낀다. 또한 문제 상황에 대한 책임을 더 수월하게 받아들인다. 반대로 자기 연민이 부족하면 비슷한 상황에서 더 쉽게 불안해진다.

자기 연민은 스스로에게 안전한 공간을 만들어 차분하게 해결책을 찾게 해 준다. 이는 몸에서도 감지된다. 자신의 내면에 집중하고 자신에게 공감할 때 옥시토신^{oxytocin}이 규칙적으로 분비되어 불안과 걱정이 줄어든다. 반대로 자신을 과도하게 비판하면 몸은 이를 위협으로 인식한다. 이때 편도체가 활성화되고 코르티솔^{cortisol}, 아드레날린^{adrenaline}, 노르아드레날린^{noradrenaline} 같은 스트레스 호르몬이 분비된다. 그러므로 자기 연민을 실천하는 일은 매우 중요하다.

RAIN 기법 _____

여러분이 일상에서 실천할 수 있는 기법을 소개하고자 한다. RAIN 기법은 부정적인 감정을 내려놓고 어려움에 더 잘 대처하도록 돕는 마음챙김 수행법이다.[5] 각 글자는 네 가지 단계를 나타낸다.

알아차리기^{Recognize}
지금 일어나는 일을 인식한다. 자신의 감정과 생각을 의식적으로 인식하되, 판단하지 않도록 노력하자. 이때 중요한 질문은 '지금 이 순간 내 안에서 무슨 일이 일어나고 있는가'다.

허용하기^{Allow}

두 번째 단계는 생각과 감정을 허용하고 받아들이는 것이다. 지금 느끼고 있는 모든 감정을 있는 그대로 받아들인다. 그리고 자신에게 이렇게 말해 보는 것도 좋다. '그래, 나는 지금 화를 내도 괜찮아.' '그냥 내버려두자.' 처음 이 연습을 시작할 때는 거부감을 느낄 수도 있다. 이러한 거부감도 점차 의식적으로 '그래'라고 받아들일 수 있게 된다.

탐색하기^{Investigate}

자기 내면에서 발견한 것을 정확하게 탐구해 본다. 자신의 감정과 생각을 새롭게 탐색해 보자. 이 과정에서 다음 질문들이 도움을 줄 수 있다. 자신에게 적합하고 잘 맞는 질문이 무엇인지 스스로 확인해 보자.

- 내 몸 어디에서 이 감정이 특히 강하게 느껴지는가?
- 지금 특히 강하게 느껴지는 감정은 무엇인가?
- 내가 생각하는 것이 정말 사실인가?
- 그 생각/감정이 나에게 전하려는 메시지는 무엇인가?
- 지금 내 안에서 어떤 부분이 특히 큰 목소리를 내고 있는가?
- 그 부분은 지금 무엇이 필요한가?

◦ 이런 생각들이 없다면 나는 어떤 모습일까?

비동일시^{Non-Identify}

타인이나 스스로가 자신에 관해 만들어낸 이야기로부터 자기를 분리하는 태도를 의미한다. 즉 우리 감정과 생각이 우리 자신이 아님을 인정하는 것이다. 이러한 경험은 앞의 세 단계를 조금만 연습하면 얻을 수 있다. 이 단계에 도달하면 우리는 지금 이 순간을 열린 마음으로 다정하게 받아들일 수 있다. 핵심은 내면이 자유로워지는 것이다.

5장

"나쁘지 않아요."

**칭찬과 격려의
부족**

클로이는 한 달 전부터 번화가 한복판의 대형 의류 매장에서 일하고 있다. 응대 일을 좋아하는 그녀는 점점 자신감이 붙어 이제는 고객에게 적극적으로 옷을 추천한다. 상품을 깔끔하게 접어 매대에 정리하는 일도 중요하게 여긴다. 매의 눈으로 매장 곳곳을 살피며, 진열을 준비하고, 탈의실을 점검하고, 매장을 정돈한다. 손이 빠르고 꼼꼼하며 믿음직스럽게 일한다.

매장 매니저 제나와는 아직 완전히 편하지 않지만, 시간이 해결해 줄 거라 스스로를 다독인다. 반면, 동료 에바는 건성으로 일한다. "그냥 대충 접어도 돼요. 어차피 아무도 안 봐요."라는 말을 서슴지 않는다. 클로이는 그때마다 놀란다. 에바가 업계 경력이 오래된 탓인지 자신의 일에 회의감을 가지고 있는 듯하다.

오늘, 클로이는 마음을 다잡고 제나에게 말을 걸기로 한다. "매니저님!" 두꺼운 서류철을 넘기던 제나가 고개를 든다.

"무슨 일이죠?"

클로이는 살짝 긴장한 채 말한다. "제가 하는 일이 매니저님 마음에 드는지 궁금해서요. 더 잘하고 싶은데, 피드백을 주시면 큰 도움이 될 것 같아요. 제가 이 일에는 아직 서툴러서요."

제나가 답한다. "나쁘지 않아요. 딱히 드릴 피드백이 없네요."

대화는 그렇게 끝난다. 클로이는 에바가 왜 의욕 없는 모습을 보였는지 서서히 이해하기 시작한다.

❈ ❈ ❈ ❈

인정과 칭찬은 모두 긍정적 피드백이지만 완전히 같은 뜻은 아니다. 칭찬은 개인의 구체적 성과나 행동에 초점을 맞춘다. 반면 인정은 행동과 무관하게 그 사람 자체의 가치를 인정하는 보다 일반적 형태다. 다시 말해 칭찬이 '무엇'을 강조한다면, 인정은 '누구'를 인정한다.

독일 근로자의 40%는 자신의 성과에 대해 적절한 인정을 받지 못한다고 느낀다. 이는 2022 싱 직업 행복도 연구[Job-Happiness-Studie 2022 von Xing]의 결과다.[1] 또한 2023 이와이 직업 연구[EY Job-Studie 2023]에 따르면 약 3명 중 1명은 자신 또는 자신의 일을 인정받지 못한다고 느낀다.[2]

독일 속담에는 '혼내지 않았으면 그것이 칭찬이다.'라는 말이 있다. 유명한 속담이지만 여기에는 함정이 있다. 칭찬, 감사, 인정은 인간의 기본 심리 욕구다. 인정의 중요성은 수년간 다수의 연구로 입증되었다. 인정받는다는 느낌은 건강에 긍정적으로 작용하고, 반대로 인정을 받지 못하면 건강이 위협받을 수 있다.

여러 연구에 따르면 하루 동안 더 많은 인정을 받은 사람일수록 평온함을 더 많이 느끼며, 이는 업무 생각을 빨리 내려놓게 하고 숙면을 돕는다.[3] 직장에서 인정을 받는다고 느끼는 사람들의 병가 빈도도 낮다는 결과가 반복적으로 보고된다. 반대로 지나친 비판을 자주 경험하거나 인정받지 못하는 사람은 우울증과 심장 질환 위험이 높아지는 경향이 있다.[4]

마그데부르크 오토 폰 게리케 대학 연구진은 대부분의 사람이 주로 가정에서는 존중받는다고 느끼지만, 직장 등 공적 공간에서는 경시당하는 경험을 한다는 사실을 확인했다.[5]

우리 몸은 칭찬이 필요하다 _____

그렇다면 인정받지 못하는 것이 신체에 심각한 영향을 미치는 이유는 무엇일까? 핵심은 호르몬 분비에 있다. 인정을 받을 때는 도파민이 분비된다.

도파민은 뇌에서 생산되는 신경전달물질로, 신경세포 간 소통을 가능하게 한다. 운동 조절, 감정, 보상, 동기 부여 등 다양한 기능을 담당하며, 보상과 쾌감에 관여하기 때문에 흔히 '보상 호르몬', '동기 부여 호르몬'으로 불린다. 도파민은 우리가 무언가를 하고 싶게 만들고 활동에서 즐거움을 느끼게 한다. 반대로 부족하면 정신적 문제가 생기기 쉽다. 인정을 받지 못하면 도파민 분비가 줄고 스트레스 호르몬이 증가한다.

여러 연구에 따르면 도파민은 인정을 받을 때뿐 아니라 다른 사람을 인정할 때도 분비된다.[6] 인정을 말로 표현하면 뇌의 보상과 공감 관련 영역이 활성화되는 것이다.

인간의 뇌는 인정받기를 거의 중독 수준으로 갈망한다. 요아힘 바우어Joachim Bauer 교수에 따르면 신경생물학적 관점에서 타인에게 존중과 인정을 받는 것만큼 뇌를 강하게 활성화시키는 자극은 드물다.[7]

인정을 받으면 도파민만이 아니라 옥시토신도 더 많이 분비된다. 옥시토신은 사회적 유대감, 공감, 신뢰와 관련된 호르몬이자 신경전달물질이다. 우리가 존중과 인정을 경험하거나 그것을 타인에게 표현할 때 분비가 촉진된다. '유대감 호르몬', '포옹 호르몬'이라 불리기도 한다. 여러 연구는 옥시토신이 긍정적 사회적 상호작용을 강화하고 신뢰를 높이며 스트레스, 불안을 줄여 행복감을 높이는 데 도움을 준다고 보고한다.[8]

옥시토신은 타인에 대한 신뢰뿐 아니라 자기 자신을 존중하고 인정하는 태도를 가질 때도 분비되어 자신감을 북돋운다.[9] 반대로 자기비하와 과도한 자기비판은 스트레스 호르몬 분비를 높인다. 인간의 몸은 사랑과 존중을 필요로 한다. 홀대받는 아이들은 다정한 환경에서 자란 아이들에 비해 옥시토신 분비가 현저히 낮다.[10] 친밀감과 인정을 경험하지 못한 아이들은 극단적으로 생명까지 위험해질 수 있다.

인정을 받으면 도파민, 옥시토신 외에 엔도르핀도 활성화된다. 엔도르핀은 체내에서 자연 생성되는 내인성 오피오이드 펩타이드Endogenous Opioid Peptide로, 신경전달물질 역할을 하며 통증을 줄인다. 주로 시상하부와 뇌하수체에서 생성되며, 뇌, 척수의 특정 수용체에 결합해 통증을 완화하거나 차단한다. 행복감, 희열, 만족감을 높이는 효과가 있으며 운동, 특히 지구력을 필요로 하거나 고강도인 운동을 할 때 분비된다. 또한 따뜻한 포옹과

웃음, 서로를 존중하고 인정하는 상호작용에서도 분비된다.

서로를 존중하고 인정하는 대화를 나눈 뒤 활기가 차오르는 느낌을 받은 적이 있을 것이다. 이는 도파민뿐 아니라 아드레날린 때문일 수도 있다. 에피네프린^{Epinephrine}이라고도 하는 아드레날린은 부신수질에서 생성되는 신경전달물질이자 필수 호르몬으로, 심박수와 혈압을 높이고 기도를 확장하며 포도당 방출을 촉진해 스트레스 상황에 대비하게 한다. 위험과 스트레스에 신속하고 적절하게 반응하도록 돕고 수행 능력과 대응력을 높인다.

업무 현장에서 규칙적으로 존중과 인정을 받는 직원은 더 효율적으로 일하고 성과도 높다. 일 자체의 즐거움도 커진다. 인정을 표현할 때 유스트레스^{eustress}, 즉 긍정적 스트레스가 유발되기도 한다. 이름에서 알 수 있듯 모든 스트레스가 나쁜 것은 아니다. 다수의 연구에서 '스트레스 예방접종' 개념이 언급되며, 스트레스가 면역계를 활성화하고 어려움을 딛고 성장하도록 돕는다고 본다.[11]

인정을 받지 못하면 부정적 스트레스가 커지고, 기분과 의욕이 떨어지며 동기도 사라진다. 따라서 사람에게 존중과 인정은 '있으면 좋은 것'이 아니라 반드시 필요한 것이다.

너와 나 모두를 위한 인정 _____

인정을 더 많이 받기 위한 세 가지 기본 단계는 다음과 같다.

1단계는 타인을 존중하고 인정하기다. 더 많은 존중과 인정을 받고 싶다면 먼저 스스로가 타인에게 존중과 인정을 표현해야 한다. 팀원이나 관리자, 가족, 친구에게 존중과 인정을 표하자. 다른 사람이 나를 존중하고 인정해 주길 바라기 전에 내가 먼저 그런 태도를 보여야 한다.

타인에게 존중과 인정을 표현하면 동시에 나 자신에게도 득이 된다. 존중하고 인정하는 말을 하면 건강에도 긍정적 영향을 미치기 때문이다. 존중과 인정은 다양한 방식으로 드러날 수 있다. 몇 가지를 아래에 소개한다.

- 적극적으로 경청하기
- 관심을 가지고 질문하기(물론 정말 관심이 있는 경우에만)
- 감사함을 말로 표현하기
- 도움 주기
- 시간을 내기
- 다른 의견과 관점에 개방적인 태도를 보이기
- 긍정적으로 느낀 점을 말로 표현하기(예를 들어 동료가 회의

실 테이블을 깔끔하게 정리하는 모습을 보면 이를 당연하게 여기지 말고 말로 표현하기)

타인에게 존중과 인정을 표현할 때는 구체적으로, 가능하면 예시를 들어, 바로 그 상황에서 전하는 것이 좋다. 물론 진심이 담겨 있어야 한다. 단순한 "좋아요", "잘했어요!" 같은 말만으로는 충분하지 않다.

'5가지 칭찬의 언어'를 지침으로 삼을 수도 있다. 이 개념은 게리 채프먼Gary Chapman과 폴 화이트Paul White가 저서 《직장에서 5가지 칭찬의 언어》The 5 Languages of Appreciation in the Workplace에 소개했으며,[12] 채프먼이 인간관계에 적용한 '5가지 사랑의 언어'에 기반한다.[13] 두 저자는 이를 직장 환경에 맞게 조정해 존중과 인정 문화를 장려하는 모델로 제시했다. 이 표현들은 사적인 상황에도 적용할 수 있다. 직장에서의 5가지 칭찬의 언어는 다음과 같다.

1. 인정하고 격려하는 말Words of Affirmation: 존중, 인정, 격려가 담긴 말. 그 사람의 어떤 점을 특히 높이 평가하는가? 무엇을 관찰했는가?
2. 온전한 관심Quality Time: 시간을 내어 관심을 기울이고, 대화

하며, 경청하고, 함께 있는 것. 자극이 끊임없이 쏟아지는 시대에는 함께하는 시간이 큰 가치가 있다.

3. 마음에서 우러나오는 제스처와 선물Tangible Gifts: 상대를 생각하고 노고에 감사한다는 뜻을 담은 유형·무형의 선물.

4. 도움과 지원Acts of Service: 일을 처리하도록 돕거나 문제 해결을 지원하는 것. 이때 중요한 것은 '도움을 제안'하는 일이다. 성급하면 간섭으로 느껴질 수 있다.

5. 신체적 접촉Physical Touch: 문화적으로 허용되는 적절한 범위에서의 접촉(악수, 포옹, 어깨를 가볍게 터치 등). 특히 업무 환경에서는 매우 신중해야 한다.

다음으로, 2단계는 자기 존중이다. 어떤 사람은 끊임없이 칭찬과 인정을 받으려 하지만, 외부의 인정만으로는 내면의 부족함이 채워지지 않는다. 자기 자신을 충분히 존중하지 않으면 타인에게서 아무리 인정을 받아도 만족할 수 없다. 그러므로 자신을 존중하는 법을 배워야 한다. 방법은 다양하다.

ㅇ 자신과 다정하게 내면의 대화 나누기
ㅇ 자신의 가치를 성과에만 연결하지 않기, 나는 내가 이루는 성과 이상의 존재임을 알기

- 스스로 칭찬하고 싶은 일을 일기로 기록하기
- 자신의 욕구를 살피고 존중하기
- 스스로를 기쁘게 하기
- 자신의 실수를 용서하기
- 일상 속에서 자신을 잘 돌보기, 예쁜 꽃을 사거나 레몬을 넣은 물을 마시거나 음식을 접시에 예쁘게 담는 등 자신을 위해 좋은 일을 해 보기
- 나아진 부분을 인식하고 스스로 축하하기
- 칭찬과 인정, 존중을 기꺼이 받아들이기

일부는 처음엔 다소 어색할 수 있다. 시간을 들여 연습을 조금씩 늘려 가자. 새로운 일에 시간이 걸리는 것은 당연하다. 일상에서 작은 실천부터 시작하면 몸과 마음에 좋은 변화가 생긴다.

다음으로 3단계는 존중은 나에게 어떤 의미인지 생각하기다. 모두가 존중을 말하지만, 정작 '나에게 존중은 무엇인가?'는 각자가 답해야 한다.

나는 어떤 순간에 특히 존중받는다고 느끼는가? 어떤 형태의 존중이 나에게 중요한가? 내가 생각하는 존중은 친구나 동료의 정의와 다를 수 있다. 팀 안에서도 제각각이다. 사람마다 존중의 구체적 의미와 그것을 느끼게 하는 행동이 다르다. 그러니 '나

에게 존중이란 무엇인가'를 스스로 정의해 보자.

성과와 성공 중심의 세상에서 우리는 종종 우리의 진정한 가치가 '하는 일'에만 있지 않고 '나'라는 존재 자체에 있음을 잊는다. 누구나 타인뿐 아니라 자신에게서도 가치를 인정받을 자격이 있다. 자기 인정은 강점과 약점을 받아들이고, 자신의 모든 면을 있는 그대로 수용하는 것이다. 우리가 자신을 사랑스러운 시선으로 보기 시작하면 그 태도는 밖으로 번져, 나의 삶은 물론 타인의 삶까지 풍요롭게 만드는 긍정의 순환을 일으킨다.

6장

"왜 내 연락을
안 받을까?"

잠수를 타는
스톤월링

올리비아가 한숨을 쉬며 소파에 털썩 주저앉는다.

"뭘 어떻게 해야 할지 모르겠어." 그녀가 나오미에게 하소연한다.

"피오나랑 다시 얘기해 보는 건 어때?" 나오미가 조심스레 묻는다.

"이미 연락해 봤지. 그런데 걔가 내 메시지를 아예 안 봐." 올리비아가 페퍼민트 차를 따르며 말한다. "이야기할 기회조차 없었어." 목소리에는 점점 분노가 묻어난다.

나오미는 잠시 생각에 잠긴다. "흠, 피오나가 그럴 애는 아닌

데…”

피오나, 나오미, 올리비아는 오래된 친구다. 하지만 몇 주 전부터 피오나와 올리비아 사이에 미묘한 기류가 흐르고 있다.

올리비아는 이 상황이 몹시 불편하다. 여러 번 이야기를 나누려 했지만 피오나가 피하고 있다. 올리비아는 최근 자신이 피오나와의 약속을 취소한 일을 떠올리며 그 때문에 서운해하는 건 아닐까 짐작한다.

하지만 약속을 취소한 것은 피오나를 만나고 싶지 않아서가 아니었다. 올리비아는 이달 초 회사에서 관리직을 맡았다. 자부심도 크지만, 새로운 업무에 적응하는 일이 쉽지 않다. 실력을 증명해야 한다는 압박 속에 야근이 잦아 저녁이면 녹초가 된다. 그래서 약속을 취소할 수밖에 없었다.

“생각해 보니, 내 상황을 자세히 설명하지 않았던 것 같아.” 올리비아가 중얼거린다. “그렇다고 이렇게까지 연락을 안 받을 건 없잖아.”

그녀는 식어 버린 페퍼민트 차를 한 모금 마시고 창밖으로 시선을 돌린다.

☆☆☆☆

올리비아가 겪은 상황은 스톤월링Stonewalling이다. 스톤월링은 갈등 상황에서 상대의 말과 감정을 벽처럼 차단하는 회피 반응을 뜻한다. 보통 침묵, 무시, 반응 거부와 같은 형태로 나타난다.

스톤월링이라는 용어는 심리학에서 유래한 것으로 단순한 무관심이라기보다, 불편한 의사소통을 피하고 정서적 상처로부터 스스로를 지키려는 (대개 무의식적) 방어일 때가 많다. 관계의 부담을 크게 느끼거나 어떻게 대처해야 할지 모를 때 후퇴 전략으로 쓰이며, 상대를 '애태우려는' 의도가 반드시 있는 것은 아니다. 오히려 시간이 지나면 일이 자연히 수습되길 바라는 심리가 작동한 것에 가깝다.

이에 비해 의도적으로 연락을 끊어 상대를 통제하려는 행동은 침묵 응징Silent Treatment이라고 부른다. 불만을 직접 말하지 않고 상대가 스스로 잘못을 '깨닫게' 하려는 의도이며, 메시지와 전화에 완전히 응답하지 않는 식으로 진행된다. 이는 수동공격적 행동의 한 형태로, 갈등을 건강하게 다루는 기술이 부족함을 드러내며 상대에게 큰 심리적 부담을 준다.

스톤월링은 전반적으로 매우 다양한 형태로 나타날 수 있다.

- 짧고 피상적인 대답만 하기
- 상황을 피하기
- 대화를 계속 미루기
- 주제를 회피하거나 엉뚱한 이야기로 돌리기
- 자기 생각과 감정을 말하려 해도 막힌 느낌이 들어 표현하지 못하기
- 침묵으로 일관하기
- 정서적 거리를 두기, 예를 들어 진심으로 함께 기뻐하지 않음
- 수동적이고 관망하는 자세
- 시간이 해결해 주길 기다리는 태도
- 눈을 마주치지 않기

스톤월링의 피해자 _____

심리학자 존 고트먼John M. Gottmann은 스톤월링을 파국의 네 기수Four Horsemen of the Apocalypse 중 하나로 설명한다.[1] '파국의 네 기수'는 연인 및 부부 관계를 비롯한 대인관계에 부정적이고 파괴적인 영향을 미치는 네 가지 의사소통 패턴을 말한다.

- 첫 번째 파국, 비판: 비난, 책임 전가, 고발식 말하기
- 두 번째 파국, 경멸과 무시: 풍자, 냉소, 모욕, 조롱
- 세 번째 파국, 방어와 거부: 정당화, 비방, 반격, 경청 부족
- 네 번째 파국, 스톤월링: 침묵과 회피로 대화를 차단하는 방식

고트먼은 다수의 부부를 관찰하며 다툼의 방식과 그에 따른 생리적 반응을 함께 측정했다. 예를 들어 갈등 상황에서 심박수와 피부 전도도가 어떻게 변하는지, 이러한 변화가 관계 만족도와 어떤 관련이 있는지를 분석했다.[2] 그리고 연구에서는 부부가 갈등 상황에서 자신의 감정을 표현하는 방식이 관계 만족도에 큰 영향을 미쳤다.

연구는 스톤월링이 이 행위를 하는 당사자뿐만 아니라 이를 겪는 상대에게도 부정적인 영향을 미친다는 사실을 보여 준다. 심리적으로 볼 때 스톤월링은 깊은 감정적 상처를 유발할 수 있다. 상대방은 자신이 무시당하고 이해도 존중도 받지 못한다고 느끼며, 그 결과 좌절감과 절망감, 무력감까지 느낄 수 있다. 스톤월링을 하는 사람이 적절한 반응이나 소통을 보이지 않으면 상대는 고립감과 외로움, 심지어 스스로에 대한 의구심까지 가진다.

스톤월링의 피해자는 갈등을 해결하지 못하고 자신의 감정

을 적절하게 표현하지 못해 지속적인 스트레스를 받는다. 이러한 만성적 스트레스는 두통과 위장 문제, 수면 장애 같은 심신 장애를 유발할 수 있다. 장기적으로 볼 때 스톤월링을 경험하는 것은 정신 건강에 부정적인 영향을 미친다. 반복적으로 무시와 경시를 당하면 불안 장애나 우울증을 비롯한 기타 정신 건강 문제가 발생한다.

스톤월링은 팀이나 가족, 부부, 친구 사이 등 모든 대인관계에서 발생할 수 있다. 고트먼 연구소Gottman Institute에 따르면 스톤월링 행동을 하는 사람의 85%가 남성이다.[3]

여기에는 여러 이유가 있다. 우선, 사회화의 영향이다. 많은 문화권에서 남성은 감정을 드러내거나 이야기하지 말라고 배우기 때문에 갈등이 있는 상황에서 뒤로 물러나는 경우가 많다.

의사소통 스타일의 차이도 영향을 미친다. 여성은 자신의 문제를 이야기하고 도움을 구하는 경향이 있는 반면, 남성은 문제를 스스로 해결하려 하거나 회피하려 한다. 스톤월링은 침묵으로 문제가 사라지길 기대하며 갈등을 피하려는 전략이다. 많은 남성이 강한 감정이나 갈등을 다루는 기술을 충분히 학습하지 못해 압도감을 느끼고, 그 결과로 스톤월링을 사용한다.

스톤월링을 하는 사람 자신도 그 행동으로 인해 고통을 겪는다. 갈등을 건설적으로 다룰 수 없다고 느끼며, 이는 다시 대면을 회피하는 데 일조한다. 많은 당사자가 "그걸 말하는 게 그렇게 어려운 일인가. 난 왜 이 모양일까." 같은 강한 자기비난을 한다. 스스로에게 가한 압박 때문에 오히려 자신을 가로막는 경우가 흔하며, 이는 불안과 무력감을 키운다. 시간이 지나면 자기확신이 약해지기도 한다.

벽을 부수고 나오게 하는 법 _____

스톤월링을 하는 당사자는 감정이 격해지면 불안이 커져 더 뒤로 물러나기 쉽다. 기억하자. 스톤월링은 대개 자기방어에서 비롯되며, 상대를 일부러 괴롭히려는 의도가 아닌 경우가 많다. 이를 고려해 스톤월링에 대처하는 편이 좋다.

어떤 사람은 말다툼이나 어려운 대화를 한 뒤 혼자서 마음을 가라앉히고 상황을 정리할 시간이 필요하다. 특히 스톤월링 성향이 있는 사람은 자신의 감정, 욕구, 갈등을 직접 말하기 어려워 이런 시간이 더 자주 필요하다. 대화를 시도하기 전, 잠시 여유를 두면 감정에 휘둘리지 않고 이야기할 수 있다.

일어난 일을 흐지부지 넘기고 다시는 꺼내지 않는 방식은 양쪽 모두에게 건강하지 않다. 다만 타이밍이 중요하다. 스쳐 지나

가듯 언급하거나 시간에 쫓기는 상황에서는 대화해도 좋은 결과를 기대하기 어렵다. 내내 스트레스 받고 지친 하루의 끝도 피하는 편이 낫다.

반면 차분한 분위기는 마음을 열게 한다. 가능하면 상대의 입장에서 공감하려고 노력하자. 내가 상처받았더라도, 상대 역시 자책과 무력감을 느낄 수 있음을 인식하면 회복에 도움이 된다. 인내심을 갖고 나의 태도도 돌아보자. 다음과 같이 조심스럽게 말을 건넬 수 있다.

- 어제 일에 대해 나랑 얘기할 준비가 됐을까?
- 요즘 마음에 걸리는 게 있다면 같이 얘기해 볼래?
- 지금은 어렵더라도 마음이 바뀌면 언제든 연락해 줘. (이 문장은 상대가 당분간 대화를 거절할 때 사용할 수 있다.)
- 어제 일에 대해 대화하고 싶어. 준비되면 알려줘.

대화할 때는 질문 공세보다는 바람과 부탁의 형식이 효과적이다. 또한 상대가 느낄 불안을 미리 언급해 완충해 줄 수도 있다. 다만 예민하게 받아들일 수 있으니, 서로 충분히 신뢰가 있을 때만 신중히 사용하자. 상대의 불안을 미리 덜어줄 수 있는 몇 가지 예문을 소개해 보겠다.

- 네가 솔직히 말하면 내가 상처받을까 봐 걱정하는 것 같아.
- 싸움이 될까 봐 이 상황을 피하고 있는 느낌이 들어.
- 무슨 걱정이 있는 것 같은데 어떻게 말해야 할지 망설여지는 것 같아. 언제든 들어줄게.

이런 표현은 '아마도', '혹시', '필요하다면' 같은 완화어를 곁들이면 부드럽다. 또한 다음과 같은 따뜻한 말을 덧붙일 수도 있다.

- 우리가 함께 해결책을 찾을 수 있다고 믿어.
- 아직 말하기 힘들어도 괜찮아.
- 정말 잘 지내고 싶어. 그래서 대화를 하고 싶어.
- 넌 내게 중요한 사람이야. 네 이야기를 잘 들을게.

상대에게 여유를 줄수록 상대는 더 쉽게 마음을 열 것이다. 압박감과 답답함을 느끼면 오히려 뒤로 물러나려고 하기 때문이다.

대화를 제안할 때는 모든 대화 참여자가 정신적, 감정적으로 준비할 수 있는 시간을 갖는 것이 도움이 된다. 예를 들면 산책을 하면서 대화를 나누는 것이다. 신선한 공기를 마시며 걷다 보면 분위기가 편안해진다. (이에 대한 자세한 내용은 12장에서 다루고 있다).

주기적으로 '대화 약속'을 잡는 것이 도움이 되기도 한다. 바쁜 일상에서는 하기 힘든 깊이 있는 대화의 시간을 의도적으로 확보해야 한다. 이런 약속은 안정감과 유대감을 주며, 감정과 욕구를 이야기할 수 있는 '안정한 공간' 역할을 한다. 한쪽 또는 양쪽 모두 솔직한 표현이 어려울 때 특히 유용하다. 이렇게 규칙적으로 대화하면 스톤월링을 줄이고 갈등을 예방할 수 있다.

본인이 스톤월링 경향이 있고 감정을 말하기 어렵다면 잠시 혼자 정리하는 시간을 갖되 가능한 한 빨리 대화를 시작하는 것이 도움이 된다. 대화를 오래 미룰수록 시작은 더 어려워진다. "오늘 저녁 식사 때 이야기하자"처럼 스스로와 약속을 정해 보자.

감정 표현이 아직 익숙하지 않다면 이런 약속조차 어렵거나 효과가 없을 수 있다. 자책하지 말고, 지금 내가 새로운 능력을 배우는 중이며 시간이 필요하다는 사실을 기억하자. 어떤 날은 잘 되고, 어떤 날은 그렇지 않을 수 있다. 이는 지극히 정상이며 문제가 아니다. 이 과정에서 자기 연민과 인내가 특히 중요하다.

편안한 분위기라면 "나는 감정과 욕구를 말하는 게 아직 어렵다"는 사실을 솔직히 알리는 것도 좋다. 또 갈등이 없는 평소에 '신호'를 미리 정해 두면, 잠시 대화를 멈추고 싶거나 지금은 말하기 힘든 순간에 활용할 수 있다.

다음과 같은 몇 가지 건강한 생각을 떠올려 볼 수 있다.

- ㅇ 나는 대화를 나눌 때마다 조금씩 성장하고 있어.
- ㅇ 대화를 이어 갈수록 감정 표현이 점점 더 쉬워질 거야.
- ㅇ 내 감정은 옳고 소중한 거야.
- ㅇ 나는 안전해. 대화 전에도, 대화 중에도, 대화 후에도.
- ㅇ 나는 내 감정과 욕구를 이야기할 권리가 있어.
- ㅇ 나는 상대에게 부담이 될 수도 있다는 두려움에서 벗어나 내 일상을 더 편하게 만들 거야.
- ㅇ 나는 내 고민을 다정하고 분명하게 전달할 수 있어.

또한 자신의 행동을 돌아보며 새로운 깨달음을 얻을 수 있다. 자신을 더 잘 이해하고 균형 있게 평가할수록, 스스로에게 더 공감할 수 있다.

- ㅇ 어떤 상황에서 내 감정과 욕구를 말하기가 더 쉬운가?
- ㅇ 어떤 상황에서 내가 주로 스톤월링을 하는가?
- ㅇ 스톤월링을 할 때 나는 어떤 감정을 느끼는가?
- ㅇ 나의 스톤월링이 타인과의 관계에 미치는 영향은 무엇인가?

- 스톤월링에 이르게 하는 패턴이나 주제가 있는가?
- 나의 스톤월링이 나 자신에게 가져오는 결과는 무엇인가?
- 나의 스톤월링 행동을 극복하기 위해 어떤 도움을 구할 수 있는가?

대화를 시도하고 열린 태도를 연습하는 과정은 어떤 날은 쉽고, 어떤 날은 어렵다. 그래도 한 걸음 한 걸음이 모두 성장이다. 시간을 두고 계속 연습하면 점점 더 수월해질 것이다. 포기하지 말고 이어 가자.

7장

“나는 왜
이 모양일까.”

**내 안의 무력한 아이와
부정적 자아**

'나는 언제 취업할 수 있을까.'

스텔라는 카페 창가에 혼자 앉아 아이스아메리카노를 빨대로 휘저으며 멍하니 생각한다. 노트북 화면에 불합격 메일이 떠 있다. 둘러보니 노트북을 펼쳐 일하는 사람들, 점심시간을 맞아 동료들과 웃으며 수다 떠는 직장인뿐이다. '못 보겠다, 진짜.' 스텔라는 짜증이 나 시선을 거둔다. 며칠 전에도 최종 면접에서 또 떨어졌다.

스텔라는 음료값을 치르고 공원을 가로질러 집으로 향한다. 여름의 나무들이 짙은 초록으로 물들고, 피크닉 매트 위엔 사람들이 앉아 있고, 아이들은 웃으며 뛰어다닌다. '도대체 내가 뭘 잘 못하고 있는 걸까?' 그녀는 생각한다. 친구들 대부분은 이미 회사에 다닌 지 몇 년이 지났다. 승진을 고민하고, 이직을 준비하고, 연봉 얘기를 한다. 그들은 스텔라에게 말한다. "곧 좋은 회사에 붙을 거야!" 그 말이 떠오르자 한숨이 새어 나온다.

집에 도착한 스텔라는 소파에 푹 주저앉는다. 어김없이 불행 감이 밀려온다. 왜 이런 상황이 반복되는지 절실히 알고 싶다. 친구들 사이에서 자신만 영원한 취준생. 몇 년째 '입사'라는 두 글자를 간절히 붙잡고 있다.

'나는 능력이 없나 봐. 리나는 대기업 마케팅팀에서 일하고, 세라는 외국계 회사 다니면서 외국어도 잘해. 피오나는 인턴 때부터 상사들한테 인정받고 일머리 좋다는 소리도 듣잖아. 그런데 나는? 스펙도 별로고, 프레젠테이션도 못하고, 말재주도 없고, 문서 작업도 서툴어?' 스텔라는 흐느낀다.

❅ ❅ ❅ ❅

스텔라는 "나는 능력이 없어."라는 강한 부정의 정체성 언어에 갇혀 있다. "나는 ～한 사람이야"로 시작하는 문장은 우리가 스스로를 생각할 때 흔히 선택하는 문구다.

문제는 왜 이런 부정적 언어에 기대게 되는지다. 이는 우리의 뇌가 여전히 위협에 민감한 석기시대식 생존 모드에 일부 머물러 있기 때문이다. 석기 시대에는 위험을 재빨리 감지하고 긍정보다 부정적 신호에 더 민감한 사람이 생존 확률이 높았다. 위기 상황에서는 사태를 다각도로 볼 여유가 없고, 우리 뇌는 긍정적 사건보다 부정적 사건에 더 빠르고 강하게 반응한다.

뇌는 위험 신호를 더 예민하게 감지하도록 설계되어, 부정적 경험이나 비교를 곧장 자기 정체성 전체와 연결시키는 경향이 있다. 그 결과 우리는 자신을 성급히 일반화하고, 전체 자아상에 대해 지나치게 부정적인 결론을 내리곤 하는 것이다.

내 안의 무력한 아이 _____

연구에 따르면 성인의 96%가 정기적으로 자기 자신과 대화한다고 한다.[1] 또 다른 연구는 우리 내면 대화에 다음과 같은 네 가지 '인격'이 나타난다고 본다.

첫째, 충실한 친구는 우리가 실제 친구들과 대화하는 것처럼 자신에게 호의적으로 이야기한다. 자신의 강점과 긍정적인 감정과 연결된다.

둘째, 자랑스러운 라이벌은 냉정하고 거리감이 있으며 성공 지향적으로 말한다.

셋째, 양면적인 부모는 따뜻함과 사랑, 신뢰, 강점을 호의적이고 건설적인 비판과 결합한다.

마지막으로 무력한 아이가 있다. 이 인격은 사회적으로 단절되어 있고 부정적인 감정에 시달린다. 무력한 아이를 만나면 좌절감과 무기력, 압도감 같은 감정이 쉽게 느껴질 수 있다.[2]

이러한 결과는 토마스 브린트하우프트Thomas Brinthaupt와 그의 연구진이 제안한 자기 대화 척도Self-Talk Scale와 일치한다. 이 척도에 따르면 내면의 대화는 다음 네 가지 기능 중 하나 이상을 수행한다.[3]

○ 자기비판: 더 잘했어야 했는데.
○ 자기 강화: 잘 해냈어!
○ 자기 관리: 이따가 택배 보내는 거 잊지 말아야지.
○ 사회적 상황 평가: 연봉 협상을 어떻게 좋게 시작할지 고민해 봐야겠어.[4]

이에 따르면 '충실한 친구' 인격은 자기 강화 기능을 맡는다.

'자랑스러운 라이벌' 인격은 자기 관리와 일부 자기비판 기능을 담당한다.

'양면적 부모' 인격은 모든 기능을 수행한다. 이때 관건은 부모와의 관계다. 관계의 결에 따라 '양면적 부모'의 목소리가 어떤 역할을 하느냐가 달라진다. 부모와 매우 다정하고 돈독한 관계라면 자기 강화와 사회적 상황 평가 기능을, 경우에 따라 자기 관리 기능까지 수행한다. 반대로 부모와 부담스러운 관계라면 자기비판 기능이 두드러진다.

'무력한 아이' 인격은 무엇보다 자기비판에 치우친다. '나는 못 해', '나한테는 너무 어려워' 같은 말을 쉽게 내뱉는다.

건강한 내면의 대화는 '충실한 친구' 인격에 의해 촉진되고, 건강하지 못한 내면의 대화는 주로 '무력한 아이' 인격에서 나타난다.

결국 내면에서 어떤 인격의 목소리가 더 자주, 더 크게 들리느냐가 정신 건강을 좌우한다. '충실한 친구'처럼 나의 성공을 인정하고 격려하며 강점에 주목하는 목소리가 앞설수록 자존감이 높아지고 긍정적 자아상이 형성된다. 반대로 '무력한 아이'의 자기비판에 계속 휘둘리면 불안과 우울, 스트레스가 커질 수밖에 없다. 그래서 나에게 편안하고 따뜻한 말을 건네는 내면의 대화를 의식적으로 연습하는 것이 중요하다.

원하는 내가 되는 자기 암시 _____

여러 연구에 따르면, 제3자 시점으로 자기 자신과 대화할 때 스트레스가 줄고 자제력이 높아진다.[5] 앞의 예에서 스텔라는 스스로에게 이렇게 말할 수 있다. '자, 스텔라, 이제 너 자신에게 집중해. 잘할 수 있어. 오늘 너를 위해 무엇을 할 수 있을까?' 또는 '너는 자신감 있고 카리스마 있는 사람이야.' 같은 식으로 말이다.

이런 자기 암시는 긍정의 말을 반복해 잠재의식에 영향을 미치는 기법이다. 이를 통해 행동과 사고를 원하는 방향으로 바꿀 수 있다. 자신의 성장을 인식하고 강점에 집중하도록 스스로를 격려하면 정신적, 신체적 건강이 개선되고 긍정적 영향을 얻을 수 있다.

긍정적 내면 대화와 낙관적 사고 패턴은 호르몬에 유익하게 작용할 수 있다. 긍정적 자기 대화는 뇌에서 '쾌감 호르몬' 엔도르핀 분비를 자극해 진통, 기분 조절 효과를 내고, 편안함과 행복감을 높인다. '유대감 호르몬' 옥시토신 분비도 촉진해 긍정적 사회적 상호작용과 유대감을 돕는다.

반면 '나는 나약하다', '나는 멍청하다', '나는 쓸모없다' 같은 부정적 정체성 표현은 자존감과 자기 확신을 해치고 부정적 자기 대화로 이어질 수 있다. 그 결과 코르티솔, 아드레날린, 노르아드레날린 등 스트레스 호르몬이 분비된다.

심리학자 율리아 하네벨트$^{Julia\ Haneveld}$에 따르면, 지나치게 비판적인 환경에서 자라 긍정적 강화를 받지 못한 사람은 부정적 자기 대화에 더 쉽게 빠지는 경향이 있다.[6] 부정적 내면 대화가 지속되면 만성 스트레스로 이어진다. 이러한 스트레스는 장기적으로 행복감을 떨어뜨리고[7] 불안장애와 우울증을 유발하며 자존감을 약화시킬 수 있다.

마음속에서 떠오르는 생각을 당연시하지 말고 의식적으로 알아차리는 태도가 중요하다. 내면의 대화에 더 적극적으로 귀 기울이자. 이를 위한 구체적 방법은 뒤에서 소개하겠다.

또 한 가지 중요하게 볼 점은 정체성을 표현하는 언어 패턴이 유동적이며 시간이 지남에 따라 변한다는 사실이다. 우리는 의식적으로 긍정적 표현을 선택하고 부정적 정체성에 의문을 제기함으로써 자아상을 개선할 수 있다. 또한 '나는 이런 사람이다'라는 한 문장이 존재 전체를 규정할 수 없다는 점을 이해해야 한다. 우리의 생각은 정체성의 일부만을 비출 뿐이며 언제나 주관적 영향을 받는다. 나를 구성하는 다른 많은 측면이 있음을 잊지 말자.

생각과 자신을 분리해서 보는 기술 _____

부정적 사고와 판단으로 자신을 정의하는 경향은 자존감과 삶의 질에 악영향을 미칠 수 있다. 스텔라처럼 부정적인 말로 자기 정체성을 규정하는 사람은, 그 생각과 거리를 두고 자신을 바라보는 연습이 중요하다. 이때 인지적 탈융합cognitive defusion이 도움이 된다.

인지적 탈융합은 수용전념치료ACT에서 발전한 개념으로 부정적인 생각, 신념, 자기 대화로부터 자신을 분리해 그것들이 반드시 사실이 아닐 수 있음을 받아들이는 기법이다. 이를 통해 파괴적이거나 제한적인 사고 패턴의 영향에서 벗어나 사고의 유연성을 기를 수 있다.

인지적 탈융합은 부정적 생각을 억지로 없애거나 바꾸려는 것이 아니라, 그 생각과 새로운 관계를 맺는 것이다. 즉, 자기 생각이나 내면의 대화를 절대적 진실이나 불변의 것으로 보지 않고, 마음속을 스쳐 지나가는 하나의 현상으로 바라보는 법을 배우는 것이다.

2017년에는 인지적 탈융합을 다룬 13건의 연구를 메타분석한 결과, 이런 전략들이 자가 치유에 효과적이며 우울과 불안을 줄이는 데 도움이 된다는 결론이 보고되었다.[8]

다양한 인지적 탈융합 기술 중 몇 가지를 소개하겠다.

o 생각에 이름 붙이기: 떠오른 생각을 확고히 믿거나 자신과 동일시하지 말고, "이건 그냥 생각일 뿐이야", "이건 내 안의 비판적 목소리가 하는 말이야"처럼 이름표를 붙인다.

o 거리두기: 생각을 영화의 한 장면이나 하늘 위 구름처럼 잠시 나타났다 사라지는 것으로 상상한다.

o 패러디: 부정적 생각이나 신념을 유머러스하게 과장하거나, 머릿속에서 우스운 목소리로 연기해 본다.

o 마음챙김: 마음챙김 연습으로 부정적 생각이나 자기 대화에 의미를 덧씌우거나 반응하지 않고 그냥 지켜보는 법을 익힌다. 이렇게 하면 부정적 자기 생각과 내면의 대화를 놓아주는 법도 배울 수 있다.

o 관점 전환: 지금 나를 괴롭히는 부정적 생각은 현실에 대한 주관적 해석이며 다른 관점이 있을 수 있음을 자각한다. "이 상황을 어떻게 다르게 볼 수 있을까?"라고 스스로에게 묻는다. 인지적 탈융합은 파괴적 사고 패턴에서 벗어나 생각을 더 이상 절대적 진리로 여기지 않게 해 행동의 폭을 넓혀 준다.

일상에서의 인지적 탈융합 ───

자꾸만 부정적인 자기 대화로 스스로를 괴롭힌다면, 다음처럼 생각을 재해석해 볼 수 있다.

× : 나는 게을러. 나는 이 일을 절대 해내지 못할 거야.

○ : 지금 나는 내가 게으르고 이 일을 절대 해내지 못할 거라고 생각하고 있구나.

× : 나는 못생겼어.

○ : 지금 나는 내가 못생겼다는 생각을 하고 있구나.

× : 나는 그럴 만큼 똑똑하지 않아.

○ : 내 안의 비판적인 목소리가 내가 그럴 만큼 똑똑하지 않다고 말하고 있네.

× : 나는 너무 긴장돼. 이건 프로답지 않아.

○ : 지금 나는 긴장하는 것이 프로답지 않다고 생각하고 있어. 하지만 긴장한다는 건 이 일이 나에게 중요하다는 신호야.

이처럼 생각을 재해석하면 그 생각과 거리를 두는 데 도움이 된다.

걷기 명상 같은 마음챙김 수련도 부정적 생각의 고리를 끊는 데 유용하다. 핸드폰처럼 산책할 때 방해가 될 요소를 치우고, 주변을 주의 깊게 살피며 천천히 걷는다. 혹은 3분간 호흡만 관찰하는 연습을 해도 좋다. 생각이 떠올라도 괜찮다. 온화하게 다시 호흡으로 주의를 돌린다.

다음과 같은 멘탈 훈련도 시도해 볼 수 있다. 떠오르는 생각이나 내면의 대화를 텔레비전을 시청하듯 바라보는 것이다. 때로는 끔찍한 뉴스가 나오기도 하고, 광고에 짜증이 나거나, 기분이 좋아지거나, 영감이 떠오르기도 한다. 텔레비전을 보듯 생각을 관찰하는 연습을 하면 시간이 지나면서 생각을 바꾸거나 의식적으로 거리를 두는 능력이 자란다. 어떤 생각이나 내면의 목소리가 떠올랐다고 해서 그것이 반드시 사실은 아니며, 매번 깊이 파고들 필요도 없다.

'생각 멈추기' 기법도 권한다. 부정적 생각이나 내면의 목소리가 떠오르면 이를 의식적으로 인지하고 마음속으로 '그만'이라고 말한 뒤, 다시 하던 일에 온전히 집중하거나 긍정적인 대상으로 주의를 전환한다.

자신에게 잘 맞는다면 긍정 확언^{Affirmation} 기법을 사용할 수도 있다. 긍정 확언이란 자신에게 긍정적인 믿음을 주는 문장을 말한다. 일종의 자기 대화이지만 핵심은 자신감을 북돋우는 데 있다. 인터넷에 떠도는 겉핥기식의 긍정 확언 문장은 피하는 것이 좋다(물론 그런 문장이 자신에게 실제로 도움이 되는 경우는 예외다). 그보다는 자신의 현재 상황에 맞는 구체적인 문장을 만들어 보자. 이러한 문장은 자세하고 길어도 괜찮다. 영감을 얻을 수 있는 몇 가지 예를 들어보겠다.

- 나는 '모든 것을 내가 책임져야 한다'는 생각에서 점점 벗어나고 있어.
- 내 의견을 말하는 게 아직은 어렵지만, 계속 연습하면 점점 더 잘하게 될 거라고 믿어.
- 나는 세심한 사람이니까 일상에서 일어나는 작은 변화와 성공을 점점 더 잘 알아차리고 있어.

확언을 질문 형태로 바꾸는 것도 방법이다. "왜 나는 이렇게 자신감이 높지?"처럼 긍정이 이미 이루어졌다 전제를 담고 질문을 던져 보는 것이다. 이렇게 하면 뇌가 스스로 '증거'를 찾으며 문장을 확인하게 된다. 이를 어포메이션 afformation이라 한다.

어포메이션은 뇌의 탐색 메커니즘을 활성화해 긍정적 표현을 더 잘 받아들이도록 돕는다. 우리 뇌는 질문에 대한 답을 찾도록 설계되어 있다. "나는 왜 내 의견을 잘 표현할 수 있을까?" 같은 질문은 긍정적 가능성에 초점을 맞추고 능력에 대한 자신감을 키운다. "왜 그럴까?" 대신 "그 근거는 무엇일까?"라고 묻는 것도 좋다. 예시는 다음과 같다.

- 앞으로 내가 과도한 책임감을 덜 느낄 수 있는 이유는 무엇일까?
- 내가 의견을 더 자주 표현할 수 있다는 근거는 무엇일까?
- 내가 똑똑하다는 증거는 무엇일까?
- 내가 그 일을 해낼 것이라는 근거는 무엇일까?

마음속에 부정적 목소리나 생각이 떠오를 때는 미국의 마음챙김 강사 바이런 케이티Byron Katie의 '작업'The Work에 기반한 다음 네 가지 질문을 활용해 보자.[9]

- 이 생각/내면의 목소리는 사실과 일치하는가?
- 나는 그것이 사실이라고 절대적으로 확신할 수 있는가?
- 생각/내면의 목소리를 믿을 때 나는 어떻게 반응하는가?
- 이 생각/내면의 목소리가 없다면 나는 누구인가?

여러 기법을 자유롭게 시도하며 자신에게 맞는 방법을 찾아보자. 충분한 시간을 들여 반복 연습하는 것이 좋다. 모든 상황과 모든 사람에게 통하는 만병통치약은 없다.

8장

"미안, 그런데 나 원래
이런 성격이잖아."

**진심 없는
사과**

노아는 얼굴에 햇볕이 내리쬐는 것을 느낀다. 봄이다. 기온이 점점 따뜻해져 기쁘다. 며칠 전부터 정원을 가꾸기 시작한 그는 한가한 오전 시간에 정원 일을 마치고 싶다.

오후에는 친구 마이크가 집으로 오기로 되어 있다. 노아는 모종삽으로 화분에 흙을 퍼 담으며 '마이크가 오늘 정원용 가위를 잊지 않고 가져왔으면 좋겠다'고 생각한다. 마이크는 몇 달 전 노아에게서 정원용 가위를 빌려 갔다. 가위를 돌려 달라고 여러 번 부탁했지만 아직 받지 못했다. 마이크가 바쁘고 천성적으로 덜렁대는 성격임을 알지만, 노아는 점점 짜증이 난다.

노아는 화분에 싱그러운 꽃을 심으며 기뻐한다. 그리고 차고에서 야외용 의자를 꺼내 테라스로 옮긴다. 그는 시계를 본다. '이제 씻고 옷을 갈아입으면 마이크가 오겠군. 완벽해.'

노아는 모든 준비를 마치고 다시 정원에 나가 앉는다. '곧 도착하겠어.' 노아는 테라스 테이블 위에 음료 두 잔을 올려놓는다. 하지만 마이크는 보이지 않는다. 노아는 휴대폰을 켜 문자가 왔는지 확인한다. 그러나 아니다.

45분이 지나서야 마이크가 느긋하게 모습을 드러낸다. 노아는 짜증 섞인 반응을 보인다. "어디 있었던 거야? 45분이나 기다렸잖아!"

마이크는 너무나 여유로운 표정이다. "아, 이 얘기 저 얘기하다 보니 시간 가는 줄도 몰랐어. 그래도 이렇게 왔잖아?"

노아는 마이크의 대답이 마음에 들지 않는다. 둘은 함께 테라스에 앉는다.

"내 가위는 가져왔어?" 노아가 묻자 마이크가 머리를 감싼다. "이런, 뭔가 잊은 것 같더라니!"

"내가 몇 번이나 얘기했는데. 벌써 몇 달째 기다리고 있잖아. 당장 써야 하는데!"

"에이, 나 원래 이러는 거 알고 있잖아. 금요일에 꼭 가져올게." 마이크가 말한다. 하지만 노아는 이미 다섯 번 이상 그 약속을 들어왔고 이제는 믿지 못한다.

"너 오늘따라 왜 이렇게 까칠해?" 마이크가 묻는다. "까칠하다고? 마이크, 너 오늘 늦게 온 데다가 가위도 안 가져왔잖아. 이제는 널 못 믿겠어." 노아는 화를 내며 말한다.

마이크는 충격받은 표정으로 노아를 바라본다. "이런, 노아, 내 말뜻은 그게 아니야. 네가 그렇게 받아들였다니 미안해. 내가 원래 성격이 좀 이렇잖아."

✾ ✾ ✾ ✾

노아는 마이크의 잘못을 지적한다. 그러나 마이크는 진심 어린 사과 대신 이른바 가짜 사과^{Nonpology}를 한다.

가짜 사과는 겉으론 사과처럼 보이지만 실제로는 자신의 행동에 대한 책임을 피하는 말이다. 변명과 정당화, 책임 전가가 섞여 있으며 사과하는 척하며 자기 입장만 옹호한다. 그 결과 진정성이 없어 보이고 갈등을 악화시키며 신뢰를 떨어뜨린다.

특히 자존감이 낮은 사람에게 가짜 사과는 큰 불안을 유발한다. 이런 사과를 들으면 '내가 또 오버한 걸까?'라며 스스로를 탓하기 쉬워서다.

그러므로 가짜 사과의 전형적 표현을 알아두고 분명히 구분해 거리를 두는 것이 좋다. 전형적 표현은 다음과 같다.

- 내 성격 어떤지 너도 알잖아.
- 그래, 미안. 네가 이렇게 예민한 줄은 몰랐어.
- 그런 뜻이 아니었어.
- 미안하긴 한데, 이런 건 너도 미리 선을 그었어야지.
- 어쩔 수 없어. 내 성격이 원래 그래.
- 문제가 나한테 있는 게 아니라, 네 대처 방식이 문제야.
- 그렇게 심각하게 받아들이지 마. 농담이었어.
- 그래, 그건 잘못한 것 같아. 하지만 다들 그렇게 하잖아.
- 미안하긴 한데, 네가 과민 반응한 것도 있어.

가짜 사과가 해로운 이유 _____

마르틴 루터 할레-비텐베르크 대학교의 심리학자 안네그레트 볼프^{Annegret Wolf}는 사람들이 사과하지 않은 채 그 부담을 계속 지고 있으면 장기적으로 큰 심리적 고통을 겪는다고 설명한다. 그 결과 스트레스 호르몬 수치와 콜레스테롤이 높아지고, 실

제 신체 통증으로 이어질 수도 있다.[1]

그런데도 진실된 사과를 하지 않는 이유는 다양하다. 우선, 자신의 실수나 부족함을 마주하는 일은 매우 불쾌하기 때문이다. 잘못을 인정하는 일은 마음에 큰 도전이자 심리적 부담으로 다가온다. 특히 평소 타인을 많이 배려하는 성향일수록 더욱 그렇다.

사람은 자신의 잘못을 자각하는 순간 큰 스트레스를 받는다. 소외되거나 배척될까 봐 두렵기 때문이다. 인류 초기에는 집단에서 밀려나면 생존이 위태로웠다. 우리의 뇌는 여기서 크게 달라지지 않았다. 그래서 소외 신호를 감지하면 두려움으로 반응한다. 이 때문에 어떤 사람은 해명이 필요한 대화나 갈등 상황 자체를 피하려 한다. 이러한 회피는 때로 의식적으로, 때로 무의식적으로 나타난다.

다른 이유도 있다. 피츠버그 대학교의 심리학자 카리나 슈만Karina Schumann은 사람들이 사과를 잘 하지 않는 흔한 이유 중 하나로, 사과를 실제보다 더 수치스럽고 불편한 일로 여기는 경향을 지적한다. 또한 많은 사람이 화해의 가능성을 과소평가한다. 슈만에 따르면 사람들은 사과해도 용서받지 못하거나 상황이 더 불편해질 것이라고 가정해, 그런 상황을 피하려고 아예 사과를 회피한다.

수치심과 죄책감으로 자존감이 흔들릴 수 있기 때문에 사과를 하지 않는 경우도 있다. 슈만에 따르면, 천성적으로 자존감이 약한 사람들, 혹은 반대로 자존감이 매우 강하고 자기애가 두드러지는 사람들은 진심으로 사과하는 데 특히 어려움을 겪는다.[2]

여러 연구에 따르면 여성은 남성보다 더 자주 사과하고 사과를 훨씬 쉽게 여기는 경향이 있다. 반면 여성은 용서를 더 어렵게 생각하며, 종종 뒤끝이 오래 간다. 또한 나이가 많은 사람이 젊은 사람보다 더 빨리 용서한다는 결과도 보고되었다.[3]

결국 가장 중요한 것은 진심으로 사과하는 일이다. 가짜 사과, 즉 진정성이 결여된 사과는 대인관계뿐 아니라 당사자들의 정신적, 신체적 건강에도 부정적 영향을 미친다.

무엇보다 신뢰를 무너뜨린다. 가짜 사과를 받으면 사과를 기대한 사람은 상대의 정직성과 진정성을 믿기 어려워지고, 자신이 존중받지 못한다고 느낀다. 이는 분노, 좌절, 실망 같은 부정적 감정을 유발하고 지속적 스트레스와 심리적 부담으로 이어진다. 만성 스트레스는 심혈관 질환 위험을 높이고 면역 체계를 약화시켜 전반적 건강에 악영향을 미친다. 따라서 사과를 하지 않거나 가짜 사과로 일관하는 것은 당사자 모두에게 심리적 부담이 된다.

진심 어린 사과의 조건 _____

누군가에게 진심 어린 사과를 받으면 옥시토신 분비가 촉진된다. 옥시토신은 뇌에서 생성되는 호르몬이자 신경전달물질로, 사회적 상호작용과 공감, 신뢰, 유대감 형성에 중요한 역할을 한다.

진심 어린 사과는 공감과 이해를 전달하고, 관계를 회복시켜 사람 사이의 연결을 이어 준다. 이러한 사회적 상호작용과 유대감은 옥시토신 분비를 자극한다. 진정한 사과를 받고 옥시토신이 분비되면 행복감이 높아지고 분노나 원한 같은 부정적 감정이 줄어든다.

진정성 있는 사과란 무엇일까? 사과 같지 않은 사과를 받았을 때는 어떻게 대처하는 것이 좋을까? 이제 이를 자세히 살펴보자.

미국 오하이오 주립대학교의 경제 윤리 및 사회심리학 교수인 로이 르위키Roy Lewicki는 한 연구에서 진정한 사과에 필요한 여섯 가지 요소를 제시했다. 그는 두 차례 실험에서 총 755명을 관찰했으며, 참가자들은 여섯 요소를 모두 포함한 사과를 특히 솔직하고 진정성 있는 사과로 인식했다.[4] 진정한 사과의 여섯 요소는 다음과 같다.[5]

- 잘못을 인정하는 모습 보여 주기
- 어떤 '잘못'을 했는지, 무엇이 잘되지 않았는지 설명하기
- 책임을 온전히 지기
- 반성하는 자세 보여 주기
- 개선 방안 제시하기
- 용서 구하기

앞의 이야기에서 마이크는 여섯 가지 요소를 바탕으로 이렇게 사과할 수도 있었다.

"노아, 진심으로 미안해. 네 믿음을 저버리는 행동을 했어. 친구 사이라면 더 잘해야 하는데 후회하고 있어. 가위를 계속 돌려주지 않은 것, 오늘 약속에 늦은 것 모두 내 잘못이야. 다음에는 네 물건을 빨리 돌려주고 약속에도 늦지 않을게. 미안해."

'아, 미안해' 같은 짧은 말보다 길고 구체적인 사과가 더 진정성 있게 받아들여진다. 진심으로 사과할 때는 변명을 피해야 하므로 '하지만'이나 '~라면' 같은 덧붙임은 삼가자. 예컨대 "하지만 네가 물건을 제자리에 두었다면…", "미안하긴 한데 너도 늦은 적 있잖아…" 같은 말은 전형적인 가짜 사과의 말투다. 사과는 가능하면 사건 직후에 하는 것이 가장 좋지만, 때를 놓쳤더라도 시간이 흐른 뒤에 하는 사과도 의미가 있다.

그들을 용서해야 하는 이유 _____

상대가 사과를 받아들일 준비가 되어 있는지도 중요하다. 뒤끝을 드러내는 행동은 종종 자신이 상대보다 우위에 있음을 과시하려는 의도에서 비롯되기 때문이다. 또한 진정한 용서는 상대의 잘못을 갑자기 인정하거나 그 일을 괜찮다고 여기는 것이 아니다. 용서란 분노와 앙심 등 부정적 감정을 내려놓는 것을 뜻한다.

용서하지 않은 상태는 양쪽 모두에게 큰 심리적 부담이 된다. 사과하는 사람은 받아들여지기를 기다릴 수밖에 없고, 사과를 받는 사람은 깊은 상처를 넘어야 하기 때문이다. 심리학 박사 도리스 볼프Doris Wolf는 상대를 용서하지 않을 때 일부 사람은 고통을 '마비'시키거나 '차단'하기 위해 중독성 물질에 의존하고, 어떤 이는 위장 장애, 두통, 근육 긴장, 피로, 심혈관 문제를 호소했다고 설명한다. 결국 용서하지 않는 것은 무엇보다 자기 자신을 해친다.[6]

누군가를 용서하지 않을 때 신체에 미치는 영향을 알아보기 위해 2019년에 128건의 연구가 분석되었다. 그 결과 용서하지 않는 사람들은 고혈압과 자가면역 질환, 높은 콜레스테롤 수치, 광범위 통증, 만성 스트레스 위험이 더 큰 것으로 나타났다.[7]

무엇보다 상처받은 사람은 다른 사람에게도 상처를 준다. 우리는 상처를 받으면 대부분 자신도 모르게 곧바로 다른 사람에게 잘못된 행동을 하는 경우가 많다.

다음의 REACH 기법은 용서를 실천하고 치유와 화해의 과정을 밟는 데 도움이 되는 다섯 단계다.[8]

- 상처 떠올리기Recall the Hurt: 자신이 겪은 상처나 고통을 의식적으로 떠올린다. 타인의 말과 행동으로 받은 상처를 인정하고, 그때의 감정을 느껴 본다.
- 가해자를 공감해 보기Empathize with the Offender: 상처를 준 사람의 입장이 되어 보려 노력한다. 그가 어떤 상황과 동기에서 그런 행동을 했는지 곰곰이 생각해 보고, 이해하고 공감하려고 시도한다.
- 용서는 이타적인 선물임을 인식하기Altruistic Gift of Forgiveness: 상대가 용서를 바라는지와 무관하게, 적극적으로 용서하기로 마음먹는다. 용서는 상대뿐만 아니라 자기 자신에게도 주는 선물임을 인식한다.
- 용서할 것을 다짐하기Commit to Forgive: 용서하기로 결심했다면 그 결심을 따르겠다고 다짐한다. 적개심과 부정적 감정을 내려놓고, 자신의 치유를 위해 적극적으로 노력하겠다는

의지를 다진다.

- o 용서하는 마음 유지하기Hold onto Forgiveness: 용서하는 마음을 유지하고 복수라는 낡은 패턴으로 돌아가지 않도록 의식적으로 마음을 다잡는다. 용서는 인내, 공감, 자기 성찰이 지속적으로 필요한 과정임을 잊지 않는다.

REACH 기법은 무엇보다 문제 상황에서 내 마음의 평화를 찾는 데 도움이 된다. 특히 아직 상대의 사과가 없어서 상처받았다고 느낄 때 더욱 그렇다. 이 기법은 스스로를 돌보는 데 쓸 수 있는 일종의 비상약이라 할 수 있다.

가짜 사과에 대처하는 법 _____

다시 노아와 마이크 이야기로 돌아가 보자. 노아는 마이크의 가짜 사과에 어떻게 대응하면 좋을까? 그리고 자신을 위해 어떤 선을 그을 수 있을까? 노아는 자신의 기분을 분명히 밝히고 요구를 다시 명확히 전달할 수 있다.

"지금 네가 진심으로 사과하는 것 같지 않고, 내 말을 진지하게 받아들이는지도 모르겠어. 게다가 나를 '까칠하다'고 한 말도 마음에 남아. 난 널 믿고 싶으니, 내 가위를 돌려줬으면 해.”

다른 선택으로는 마이크의 행동이 가져올 결과를 알려 줄 수 있다.

“마이크, 난 이제 널 믿기 어렵게 됐어. 이건 친구 관계에서 아주 중요한 문제라고 생각해. 네가 지금 내 말을 어떻게 받아들일지 모르지만, 앞으로는 아무것도 빌려주지 않을 거야.”

노아가 마이크를 여전히 좋아하고 관계가 멀어지지 않길 바란다면, 사람과 행동을 의식적으로 분리해 전할 수도 있다.

“마이크, 내가 너와 함께 보내는 시간을 얼마나 좋아하는지 알지? 그런데 자꾸 늦고 내 물건 돌려주는 걸 잊어서 정말 힘들어. 우리 같이 해결책을 찾아보자.”

가짜 사과에 대응하는 예문은 다음과 같다.

- 지금 네가 진심으로 사과하는 것처럼 느껴지지 않아.
- 네가 이 상황에 대해 책임지지 않는 것 같아. 왜냐하면 …
- 네가 날 진지하게 받아들이지 않는 것 같아. 그때 상황은 나에게 정말 힘들었어. 왜냐하면 …
- 진심이 느껴지지 않아서 지금은 사과를 받아들이고 싶지 않아.

이런 말을 할 때는 대화가 건설적으로 흐르도록 유의하고, 상대를 비난하거나 감정을 상하게 하지 않도록 주의하자. 존중하는 태도로 자신의 관점을 명확하고 구체적으로 전하되, 내가 감당할 수 있는 한계를 분명히 정해야 한다.

누군가의 기분을 상하게 할까 봐 걱정되거나 반발이 예상될 때는 '~일지 모르지만'으로 완곡하게 시작할 수 있다. 예를 들면 "너무 빡빡해 보일지 모르지만, 그 글은 세 번, 네 번 더 검토하는 게 중요하다고 생각해."와 같이 말한다.

우리가 가짜 사과를 받아들이고 넘길수록 상대는 그 행동을 더 자주 반복한다. '내가 오버하는 걸까', '괜히 일을 키우나' 같은 생각에서 벗어나자. 어떤 행동이 '괜찮지 않다'고 느꼈거나 상처를 받았다면, 그것이 나의 심리적 경계이며 그 선은 내가 지켜야 한다.

또한 타인에게 어떤 행동을 요구할 때는 나 역시 같은 기준을 지켜야 한다. 타인의 경계를 침범하고 진정한 사과를 하지 않는 사람과 관계를 이어 가는 것은 건강하지 않다.

9장

"다들 바쁘시면
제가 할게요."

자기를 희생하는
피플 플리징

엠마는 모든 동료에게 호감을 받는 사람이다. 프로젝트 막판이거나 야근할 때, 혹은 누군가 도움이 필요할 때면 엠마가 어김없이 나선다. 무슨 일이 생기면 모두가 가장 먼저 그녀를 찾는다. "미안한데 나 좀 잠깐 도와줄 수 있어?" 그녀가 하루에도 몇 번씩 듣는 말이다. 그럴 때마다 그녀는 늘 친절하게 웃으며 대답한다. "네, 그럼요!" 그러나 그녀는 이러한 상황이 자신에게 문제가 되고 있음을 점점 깨닫는다.

월요일 아침, 엠마는 굳은 결심을 하고 사무실에 들어선다. 오늘은 자신의 업무에 더 집중하기로 한다. 미루고 있던 보고서를 마무리하고 상사에게 제출해야 한다. 더 이상 다른 사람에게 시간을 빼앗기는 덫에 빠지고 싶지 않다. 그런데 그녀가 노트북을 열자마자 옆 부서의 동료 마테오가 나타난다.

"엠마, 이 프레젠테이션 좀 도와줄 수 있어요? 도무지 방향이 잡히지 않아요."

엠마는 갑자기 심장이 뛰는 것을 느낀다. 그녀의 눈에는 마테오가 정말 절박해 보인다. 그녀는 사실 '안 돼요'라고 말해야 한다는 것을 알고 있지만, 마테오를 실망시킬까 봐 두렵다.

"그럼요, 잠깐 살펴볼게요." 그녀는 속으로 한숨을 내쉬며 말한다. 두 시간 후, 마테오는 프레젠테이션을 완벽하게 준비했지만 정작 그녀는 보고서에 여전히 손도 대지 못한 채 있다.

오후가 되자 상사가 엠마를 사무실로 부른다. "엠마 씨, 최근 들어 담당 업무가 아닌 일을 맡는 경우가 자주 보이는 것 같은데요. 칭찬할 만한 태도지만, 다른 한편으로는 엠마 씨가 자기 일을 소홀히 하고 지나치게 무리하는 건 아닌지 걱정이 되어서요."

엠마는 강하게 고개를 젓는다. "아니요, 저는 괜찮아요." 그녀는 자신 있게 말한다. 하지만 마음속에서는 점점 공포감이 커지고 있다. 동료의 기대, 상사의 기대, 그리고 무엇보다 항상 완벽해야 한다는 자신의 기대를 모두 충족해야 한다는 부담감이 그녀를 짓누른다.

오늘 하루도 다른 많은 날과 똑같이 끝났다. 엠마는 자기 업무를 끝내지 못했다는 죄책감을 느끼며 지친 채 늦게 퇴근한다. 집에 돌아와 침대에 몸을 눕히지만, 고민이 끊이지 않아 잠을 이룰 수 없다.

엠마의 피로감은 점점 커져만 간다. 그녀는 자신이 다른 사람들의 기대와 희망에 끌려다니는 꼭두각시처럼 느껴진다.

☆ ☆ ☆ ☆

엠마는 책임감이 강하다. 그는 다른 사람에게 문제가 생기면 자기 일처럼 떠안고, 정작 자신에게 필요한 일은 뒤로 미룬다. 누구에게도 짐이 되고 싶지 않기에 '아니요'라고 말하기가 너무 어렵다. 시간 여유가 없어도 남의 일을 도맡는다. 사람들은 엠마의 공감 능력과 타인을 돕는 태도를 높이 평가해 걱정과 문젯거리를 자주 털어놓는다. 엠마는 갈등을 피하고 인정을 받기 위해 늘 최선을 다한다.

직장에서는 타인의 기대와 요구를 우선시하는 이른바 피플 플리징People Pleasing이 자주 나타난다. 피플 플리징은 타인의 비위를 맞추기 위해 지나치게 신경 쓰는 행동을 뜻한다. 이런 사람들은 갈등을 피하거나 타인을 만족시키기 위해 자신의 필요와 욕구를 뒤로 미루곤 한다. 타인을 위해 자신을 희생하는 것이다.

이들은 실제로 원하지 않는 일에도 동의하고, 소외될까 봐 두려워하거나 자신의 안위가 침해되더라도 타인의 요구에 과하게 헌신한다. 앞의 이야기에서 엠마는 동료를 도와줄 시간이 없다는 걸 알면서도 결국 부탁을 승낙한다.

자꾸 남에게 맞추려고 하는 이유 _____

피플 플리징에서 '피플'은 사람들, '플리징'은 기쁘게 한다는 뜻이다. 이 용어는 다른 사람에게 잘 보이고 인정받고 싶은 강한 욕구에서 비롯된 행동을 설명할 때 쓰인다. 이런 성향의 사람들은 갈등을 피하고 경계를 설정하는 일을 잘 못해, 자신의 정체성과 욕구를 소홀히 하게 된다.

반면 조력자 증후군^{Helper Syndrome}은 남을 도와줌으로써 자신이 가치 있다고 느끼려는 과도한 욕구를 말한다. 이런 사람들은 자신을 필요로 하는 관계에서만 편안함을 느끼며, 그 결과 자주 피로해지고 자신의 욕구를 뒷전으로 미룬다.

두 개념의 차이는 분명하다. 조력자 증후군은 '도움을 줘 존재를 인정받으려는 욕구'가 중심이고, 피플 플리징은 '거절당하거나 미움받지 않으려 남에게 맞추는 것'이 핵심이다. 피플 플리징은 카멜레온에 비유되곤 하는데, 주변 환경에 맞춰 자신을 끊임없이 바꾸기 때문이다.

엠마의 사례에서 특히 두드러지는 것은 자기희생적인 언어다. 이는 피플 플리징에서 흔히 나타난다. 피플 플리징 경향이 있는 사람은 다음과 같은 문장을 자주 사용한다.

- 그냥 두고 볼 수만은 없잖아.
- 지금 그 사람 상황이 너무 안 좋아. 내가 도와줘야 해.
- 걱정하지 말아요. 내가 알아서 할게요.
- 괜찮아요. 제가 좋아서 하는 거예요.
- 저 사람도 예전에 나 많이 도와줬어.
- 나보다 힘든 사람도 많은데.

피플 플리징의 또 다른 징후는 다음과 같다.

- 지나치게 자주 사과한다.
- 동의를 자주 한다.
- 다른 사람을 아주 빨리 용서한다.

- 자신의 의견을 거의 표현하지 않는다.
- 거절을 잘 못한다.
- 갈등을 피한다.
- 자신의 욕구를 잘 드러내지 않는다.
- 비판에 잘 대처하지 못한다.
- 도움을 구하지 않는다.
- 자기 의견과 관점을 남에게 맞춘다.
- 지나치게 안전을 추구한다. 예를 들면 한 사람에게만 조언을 구하는 것이 아니라 여섯, 일곱 명에게 조언을 구한다.
- 자신에 대해 매우 비판적이다.

피플 플리징은 여러 요인이 복합적으로 작용한 결과다. 개인적 경험, 심리적 요인, 사회적 영향이 겹치는 경우가 많다.

어린 시절, 타인의 기대에 부응할 때만 사랑과 인정을 받는 환경에서 자랐다면 남에게 잘 보이려는 욕구가 형성되기 쉽다. 갈등을 피하거나 잘했을 때만 사랑을 주는 가정에서 자란 아이들도 타인의 비위를 맞추려는 성향을 띠기 쉽다. '얌전해야지', '시끄럽게 하지 마'라는 말을 자주 들은 아이는 나중에 타인에게 지나치게 맞추는 사람이 될 가능성이 크며, 학교에서 괴롭힘을 당한 경험 역시 피플 플리징 성향을 강화할 수 있다.

사회·문화적 규범도 압박을 더한다. 많은 문화권에서 여성은 배려하고 갈등을 피하며 예의 바르고 상황에 맞춰 행동하길 기대받는다. 이 때문에 여성은 타인의 기대에 부응하느라 자신의 욕구와 소망을 뒤로 미루기 쉽다. 많은 가정에서 여성이 집안일과 가족의 정서적 욕구를 도맡는 것이 당연시되면서, 커리어적 야망이 뒷전으로 밀려나기도 한다.

우리는 내면의 불안과 거절에 대한 두려움 때문에 지나치게 조화를 추구하기도 한다. 피플 플리징은 주변의 행동을 보고 배우는 사회적 학습을 통해서도 형성될 수 있다. 이러한 요인들은 대개 함께 작용한다. 참고로 피플 플리징은 정신 질환이 아니다.

그럼에도 피플 플리징은 신체적 건강에도 큰 영향을 미칠 수 있다. 타인의 기분을 맞추고 갈등을 피하려는 지속적 노력은 스트레스를 유발한다. 타인의 만족을 지나치게 걱정하다 보면 만성 스트레스로 이어지고, 면역 체계가 약화될 수 있다. 2016년 한 연구에 따르면 피플 플리징 성향이 있는 사람의 뇌는 타인과 의견이 다를 때, 이를 말로 표현하지 않더라도 더 큰 심리적 스트레스를 경험한다.[1] 상대가 다른 의견을 갖고 있다는 사실만으로도 스트레스를 느끼는 것이다.

이 같은 긴장이 계속되면 육체적 피로와 수면 장애로 이어져 전반적 삶의 질이 떨어진다. 정신적으로도 자신의 욕구를 계속 미루면 좌절과 불행감이 커지고 자존감이 낮아지며, 우울, 불안, 번아웃의 위험이 높아진다.

남을 돕는 나에게서 벗어나기 _____

피플 플리징은 당사자에게 지속적인 부담을 준다. 엠마가 앞으로 몇 년간 같은 방식으로 일한다면 병에 걸릴 위험이 매우 높다. 매일의 스트레스만으로도 머지않아 감당하기 어려운 상태가 될 것이다. 여기서 우리가 첫 번째 척도로 삼을 수 있는 좋은 질문이 있다. '앞으로 5년 동안 지금처럼 살아가면서 건강을 유지할 수 있는가?'다.

나는 피플 플리징 성향이 있는 사람과 상담할 때 이 질문을 자주 던진다. 그러면 대부분의 사람은 놀란 표정을 지으며 강하게 고개를 젓는다. 그들이 말하는 '예외적으로 이번만'이나 '잠깐 도와주는 시기'가 실제로는 몇 달, 몇 년씩 이어지는 경우가 많은데도 이를 생각하지 못하고 있었던 것이다.

피플 플리징과 자기희생적 언어를 벗어나 건강한 균형을 찾기 위해 취할 수 있는 조치가 있다. 자신을 되돌아보며 타인의 요구를 지나치게 들어주려는 근본 동기와 두려움을 파악하는 일이다. 다음 질문을 스스로에게 던져 보자.

- 내가 과하게 남을 돕는 것은 어떤 욕구에서 비롯되는가?
- 자기희생을 통해 얻고자 하는 것은 무엇인가?
- 사람들을 그만 챙긴다면 무엇이 가장 두려운가?
- 다른 사람을 만족시키지 못할 때 어떤 감정이 드는가?
- 타인을 도울 때마다 나의 어떤 욕구가 소홀해지는가?
- 다른 사람을 도울 때 나의 자존감은 어떤 역할을 하는가?
- 어떤 내적 신념이 매번 남을 돕게 만드는가?

자신의 욕구를 존중하려면 거절하고 경계를 설정할 줄 아는 것이 중요하다. 다음과 같은 지침을 따를 수 있다.

첫째, 거절의 이점을 인식한다. 거절 전에 왜 그것이 나에게 좋고 유의미한지 생각한다.

둘째, 상대의 감정을 공감하면서 동시에 자신의 감정도 인식한다. "네가 지금 일이 많고 도움이 필요하다는 건 이해해. 동시에 나는…"처럼 말할 수도 있다.

셋째, 거절할 생각이라면 대답을 미리 준비한다. 스트레스를 줄이고 실행을 쉽게 한다.

넷째, 항상 명확한 거절만이 답은 아니다. 도리어 다른 제안을 할 수도 있다. "이번 주엔 어렵지만 다음 주 수요일부터는 도울 수 있어. 어때?"라고 말할 수도 있다.

다섯째, 고마움을 표현한다. 이는 부드럽게 거절하는 방법이 될 수 있다. "나를 먼저 찾아줘서 고마워…" 같은 말을 할 수 있다.

여섯째, 반드시 단호하게 거절할 필요는 없다. 다음과 같이 부드럽게 말할 수도 있다. "네가 나를 좋게 평가한다는 게 느껴져. 고마워. 그런데 지금은 이미 맡은 일이 많아 여유가 없어." "나를 믿어줘서 고마워. 하지만 지금은 내가 도와줄 수 있는 상황이 아니야."

처음에는 거절이 조금 어색하고 불편할 수 있다. 꾸준히 연습하고 자신감을 기르려면 시간이 필요하다. 이때 INGA 원칙이 큰 도움이 된다.

I = 관심 보이기(Interesse zeigen)

N = 거절하기(Nein sagen)

G = 이유 말하기(Grund nennen)

A = 대안 제시하기(Alternativen aufzeigen)

예를 들어 이렇게 말할 수 있다. "바비큐 파티에 초대해 줘서 고마워(I). 그런데 못 갈 것 같아(N). 그렇게 사람이 많이 모이는 자리는 나에겐 부담스러워서(G). 다음 달에 우리 둘이 만나서 커피 한잔하는 건 어때?(A)"

물론 꼭 대안을 제시할 필요는 없다. 그때그때의 상황마다 자신에게 맞는 것을 찾아보면 된다.

무엇보다, 자신과 타인에 대해 현실적인 기대치를 갖고, 모든 사람의 행복과 편안함을 내가 책임질 수 없다는 사실을 인식하는 것이 중요하다.

정말 내 도움이 필요할까? _____

우리는 일상에서 종종 타인의 문제와 감정을 자신의 일처럼 떠안는다. 그러나 이것이 정말 타인에게도 좋은 일일까? 이러한 행위는 남의 감정이나 문제를 '훔쳐 오는' 행동이라고 표현할 수 있다. 남의 문제를 자동으로 자기 책임처럼 떠안는 태도는 사실 회사에서 동료의 자료를 허락 없이 가져가 참고하는 것과 다를 바 없다.

상대가 실제로 도움을 요청하는지, 단순히 정보를 전달하는지 구분할 필요가 있다. 도움 요청은 특정 행동이나 작업을 해 달라는 부탁으로, 보통 무엇을, 누가, 언제까지 해야 하는지 명확한 지침이 포함된다. 우리는 이를 수락하거나 거절할 수 있다. "나 혼자서는 옷장을 조립하기 어려워. 이번 주에 나 좀 도와줄 수 있어?", "파티에 필요한 음식 좀 부탁할게." 같은 말들이다.

정보 전달은 사실을 전달하거나 설명하는 것으로, 누군가에게 어떤 일에 대해 알려 주는 데 목적이 있다. 예를 들면 이렇다. "나 스트레스 받아." "복사용지가 다 떨어져 가." 특히 두 번째 말은 많은 사람에게 당장 무언가 해야 할 것 같은 압박을 준다. 자신에게 한 말이라 여기고 지금 곧 복사용지를 사 와야 한다고 느끼기도 한다. 그럴 때는 곧바로 행동하지 말고 잠시 멈춰 생각해 보거나, 필요하다면 이렇게 물어보자. "도움이 필요해?" "내가 도와줄까?"

일상에서 내면의 경고등이 얼마나 자주 켜지는지 주의 깊게 살펴보자. '지금 당장 처리해야 한다'는 생각이 들거나 곧바로 행동으로 옮기는 순간이 언제인지 떠올려 보자. 그럴 때는 잠시 멈추고 스스로 물어보자. '지금 이건 정말 내게 하는 요청인가?'

이런 순간을 자주 인식할수록 앞으로 더 잘 대처할 수 있다. 이는 남을 돕지 말라는 뜻이 아니다. 중요한 것은 자신을 소진하지 않고, 자신의 한계를 무시하지 않는 것이다. 많은 사람이 자신이 얼마나 자주 한계를 넘는지, 혹은 책임지지 않아도 될 일에 책임감을 느끼는지조차 알아차리지 못한다. 대개 지칠 대로 지친 뒤에야 '뭔가' 잘못되었다는 사실을 깨닫고, 그제야 '갑자기' 밀려온 피로의 근원을 돌아본다.

무엇보다 작은 걸음부터 시작하자. 어떤 작은 부분을 조정해 변화를 시작할지 생각해 보자. 이 장의 전략 중 하나를 골라 일상에서 조금씩 실천해 보자. 잘될 때도 있고 아닐 때도 있다. 지극히 정상이다. 자신에게 관대하고 다정하게 대하라. 자신감을 기르고 자존감을 높이는 것도 도움이 된다. 이때 건강하고 다정한 내면의 대화와 기억이 힘이 된다.

- 나는 아무것도 하지 않아도 소중한 사람이야.
- 내가 다른 사람을 도울 여력이 없어도 나는 여전히 사랑받고 안전해.
- 내가 도와주는 사람들만큼 나의 욕구도 중요해.
- 나는 나만의 시간을 갖고 내 관심사를 따를 자격이 있어.
- 끊임없이 일하라고 재촉하는 마음의 소리를 내려놓을래.
- 나는 나를 위해 목소리를 내고 스스로 결정할 권리가 있어.
- 이제부터 내 주변 사람들이 스스로 잘 해낼 수 있다고 믿을 거야.

10장

"우리는 원래
이렇게 해 왔어요."

**대화를 죽이는
킬러 문구**

알렉스와 마리는 대형 사무실 건물에서 몇 년째 함께 일하고 있다. 두 사람은 현재 신제품 개발을 담당하고 있다. 알렉스는 이 회사에서 10년 넘게 일한 베테랑이고, 마리는 몇 달 전에 개발팀에 새로 합류했다. 알렉스는 풍부한 경험으로 팀원들에게 인정받고 있으며, 마리는 회의 때마다 다양한 아이디어를 내며 신선한 분위기를 더하고 있다.

비 오는 어느 월요일 아침, 알렉스와 마리는 사무실에 앉아 신제품에 대한 아이디어를 논의하고 있었다.

"이번 기회에 제품 디자인을 바꿔도 좋을 것 같아요. 우리 브랜드에 새로운 이미지를 줄 수 있을 거예요." 마리가 알렉스에게 말한다.

그러자 알렉스는 찡그린 얼굴로 대답한다.

"흠, 우리는 이 디자인을 오랫동안 써 왔고 선호도도 높아요. 입증된 디자인인 데다 고객들도 만족하고 있는데 굳이 변화해야 할 이유가 있을까요? 새 패키지를 만드는 데 비용도 많이 들 거예요."

하지만 마리는 쉽게 물러서지 않는다. "맞아요, 하지만 새로운 디자인으로 젊은 고객층을 공략할 수 있을 거예요."

"그럴 수도 있겠죠." 알렉스가 한발 물러서며 답한다. "하지만 우리는 기존 디자인에 익숙한 탄탄한 고객층이 있어요. 게다가 디자인은 마리 씨가 생각하는 것처럼 그렇게 쉬운 일이 아니에요. 지금도 잘 나가는 디자인을 굳이 바꿀 필요가 있을까요?"

마리는 주의 깊게 듣고 고개를 끄덕였지만 계속 말한다.

"시장이 계속 바뀌고 있어요. 우리도 시대의 흐름을 따라가야 하잖아요. 경쟁사들이 신선한 콘셉트의 신제품을 내놓고 있는데, 우리도 뒤처져서는 안 되죠."

하지만 알렉스는 자기 입장을 굽히지 않는다. "위험 부담이 너무 커요. 만약 디자인이 바뀌어서 기존 고객들이 이탈하면 어떻게 할 건데요? 난 마리 씨보다 이 분야에서 경험이 더 많아요."

✡ ✡ ✡ ✡

알렉스는 자신의 주장을 뒷받침하기 위해 이른바 킬러 문구 Killer phrase를 사용한다. 킬러 문구는 대화를 '탁' 끊어 버리는 말들을 지칭하는 용어다. 토론이나 아이디어 회의에서 논의를 끝내 버리고, 상대의 동기를 꺾거나 창의성을 질식시키며, 무의식적으로 또는 의도적으로 권력을 행사하거나 자신의 요구를 주장하기 위해 사용된다.

이런 말들은 상대방의 말문을 막아 버리고 자존감에 상처를 주어 반론을 제기하지 못하게 만든다. 하지만 이러한 킬러 문구는 대부분 실체가 없는 공허한 말인 경우가 많다.

킬러 문구의 6가지 유형 _____

킬러 문구가 의사소통에 사용되는 이유는 다양하다. 흔히 좌절감, 분노, 불안감 같은 감정을 그런 문구로 드러내곤 한다. 어떤 사람들은 의도적으로 킬러 문구를 사용해 권력을 행사하거나 자신의 우월함을 강조하려 한다.

또한 상대와 건설적으로 소통할 수 없다는 느낌이 들 때, 갈등이나 오해에 대한 반응으로 나타날 수도 있다. 그 외에도 굳어진 사고 패턴이나 몸에 밴 습관의 결과일 수 있고, 상대의 권위나 체면을 훼손하기 위해 쓰이기도 한다. 어떻게 해야 도움이 될지 모를 때, 자신을 보호하려는 수단으로 킬러 문구를 사용하는 경우도 많다.

동기가 무엇이든, 킬러 문구가 의사소통을 저해하고 대화 당사자 간 신뢰를 떨어뜨린다는 것은 분명하다.

킬러 문구에는 6가지 유형이 있다.

∘ 고집형 킬러 문구
∘ 권위형 킬러 문구
∘ 잘난 체형 킬러 문구
∘ 걱정형 킬러 문구
∘ 미루기형 킬러 문구
∘ 공격형 킬러 문구

알렉스는 이 중 첫 번째인 고집형 킬러 문구를 주로 사용했다. 이 유형의 문구는 상대의 마음을 바꾸기 위해 자주 쓰인다. '고집'이라는 단어에서 알 수 있듯, 이 문구를 사용하는 사람들은 자기주장을 고집한다.

알렉스와 같은 사람들은 모든 것이 그대로 유지되는 것을 중요하게 여긴다. 이들은 변화를 저지하려는 것이 아니라 확실한 것을 지키려는 것이다. 모든 것이 그대로 유지되면 실수할 위험이 줄어든다. 고집형 킬러 문구의 전형적인 패턴은 다음과 같다.

- 우린 항상 이렇게 해 왔어요.
- 우리는 그런 식으로 해 본 적이 없어요.
- 그것 없이도 지금까지 아주 잘되어 왔어요.
- 바꿀 이유가 전혀 없어요.
- 그렇게 할 필요는 없을 것 같아요.

두 번째로는 권위형 킬러 문구가 있다. 이 역시 알렉스의 주장에서 찾아볼 수 있다. 권위형 킬러 문구는 권위적인 위치에 있거나 그렇게 보이길 원하는 사람들이 권력을 과시하기 위해 주로 사용한다.

이러한 표현은 대화 중에 의도적으로 위계를 드러낸다. 자신이 상대보다 우위에 있음을 보여 주려는 것이 목적이며, 상대를 겁주거나 심지어 억압하기 위한 것이다. 권위형 킬러 문구는 불안감과 열등감을 강하게 느끼는 사람들이 자주 사용한다. 전형적인 언어 패턴은 다음과 같다.

- 당신은 지금 판단 능력이 없어요.
- 이 상황에서 무엇이 최선인지는 내가 알아요.
- 당신은 지금 상황이 어떻게 돌아가는지 전혀 모르잖아요.
- 내가 더 잘한다고 생각하지 않나요?
- 당신이 정말 그렇게 많이 안다면 내 자리에 있었겠죠.

세 번째 유형은 잘난 체형 킬러 문구다. 스스로를 전문가라고 여기는 사람들이 자주 사용한다. 이들은 종종 자신의 지능을 과대평가하고 모든 일에 의견을 내며 그것이 매우 중요하다고 여긴다. 더닝-크루거 현상을 보이는 사람들이 잘난 체형 킬러 문구를 자주 사용한다(11장 참조). 이들은 서슴없이 다른 사람을 고쳐 주거나 가르치려 한다.

알렉스 역시 잘난 체형 킬러 문구를 사용해 자신이 마리보다 경험이 훨씬 더 많다는 점을 드러낸다. 전형적인 언어 패턴은 다음과 같다.

- 당신이 생각하는 것처럼 그렇게 간단하지 않아요.
- 나는 결과가 어떨지 이미 뻔히 보여요.
- 넌 아직 많이 배워야 해.
- 그건 잘 안 될 거야. 나중에 왜 안 말렸냐고 하지 마.

- 그 문제는 완전히 다르게 접근해야 해.

네 번째로 고집형과 비슷한 유형인 걱정형 킬러 문구가 있다. 걱정형 킬러 문구를 사용하는 이유 역시 변화에 대한 두려움 때문이다. 고집형만큼 강하진 않지만, 반대할 만한 이유를 늘 찾아내려 한다.

이때는 어떤 아이디어나 접근법에서도 '옥에 티'를 발견하려는 경향이 있다. 이들은 대체로 망설이고 조심스러운 태도를 보이며, 항상 조용히 의심하고, 긍정을 표하는 일도 드물다.

걱정형 킬러 문구에서 자주 등장하는 두 가지 논리는 '비용이 너무 많이 든다'와 '시간이 너무 많이 든다'이다. 알렉스 역시 이러한 표현을 사용한다.

대체로 걱정형 킬러 문구를 사용하는 사람들은 무슨 일이 일어날지 확실히 아는 것이 훨씬 안전하다고 생각한다. 전형적인 언어 패턴은 다음과 같다.

- 그 방법으로는 다른 사람들도 다 실패했어요.
- 이게 도대체 어떻게 가능하겠어?
- 이건 우리한테 너무 버거운 일 아닐까?
- 그게 가능했다면 벌써 누군가가 했겠지.

- 시간이 너무 빠듯할 거야.
- 그건 비용도 너무 많이 들어.
- 우리처럼 작은 팀은 그걸 못 해내.

다섯 번째로 미루기형 킬러 문구가 있다. 이 유형에서는 어떤 결정이나 과제가 계속 연기되고 뒷전으로 밀린다. 미루기형 킬러 문구의 모토는 '아무것도 하지 않으면 실수도 없다'라고 할 수 있다.

이 문구를 사용하는 이유는 실수나 잘못된 결정에 대한 두려움이 매우 강하기 때문이다. 또한 책임을 회피하거나 특정 주제를 다루고 싶지 않아서, 혹은 상황에서 빨리 벗어나고 싶어서일 수도 있다. 전형적인 언어 패턴은 다음과 같다.

- 이 문제는 다음에 다시 논의하죠.
- 이건 나중에 해결하는 게 좋겠어요.
- 그건 지금 상황에 잘 맞지 않아요.

마지막으로 대표적인 유형인 공격형 킬러 문구가 있다. 이 유형에서는 다른 사람을 비하하거나 경멸하는 표현이 자주 사용된다. 또한 상대를 인신공격하거나 사람들 앞에서 조롱하기 위해 쓰이기도 한다. 공격형 킬러 문구는 대개 논의 주제와 직접 관련이 없다. 전형적인 언어 패턴은 다음과 같다.

- 생각 좀 하고 말해요.
- 역시 여자라서 어쩔 수 없네요.
- 잘하는 게 도대체 뭐예요?
- 세상에, 정말 유난이시군요.
- 어떻게 그렇게 세상 물정을 모를 수가 있어요?
- 아무리 어렵더라도 생각이라는 걸 좀 해 보세요.

당연한 말이지만, 킬러 문구는 여러 심각한 영향을 미칠 수 있다. 특히 대인관계와 전반적 행복감에 부정적 영향을 주며, 스트레스, 불안, 불쾌감을 급격히 높인다.

이런 킬러 문구를 들은 사람은 상처받거나 모욕감을 느끼고 자존감과 자신감이 크게 떨어진다. 이런 공격을 반복적으로 받으면 정신적, 정서적 건강이 악화한다.

따라서 부정적 영향을 피하고 건강한 사회적 환경을 만들기 위해서는, 서로를 존중하고 지지하는 건설적 의사소통 방식을 배울 필요가 있다.

대응법 연습하기 _____

자신의 건강과 자존감을 지키기 위해서는 킬러 문구에 대처하는 법을 배워 둘 필요가 있다.

우리 몸에 스트레스 호르몬이 과도하게 분비되면 뇌가 명확한 사고를 하기 어려워지고, 그 결과 말문이 막히는 반응이 더 빨리 일어난다. 많은 사람이 스트레스 상황에서 극도의 긴장감을 느끼며, 이는 정신적 긴장뿐 아니라 근육의 경직과 같은 신체적 반응으로도 나타난다.

따라서 각 유형의 킬러 문구를 들었을 때 어떻게 대처할 수 있는지를 미리 익혀 두는 것이 도움이 된다.

- 권위형 킬러 문구: 당신은 이 상황을 제대로 판단하지 못하고 있어요.
- 대처법: 제가 왜 이 상황을 판단하지 못한다고 생각하세요? 구체적으로 말씀해 주실 수 있을까요?

- 고집형 킬러 문구: 우린 항상 이렇게 해 왔어요.
- 대처법: 새로운 것을 시도하지 못하는 이유가 뭘까요? 조건을 정해 시험해 볼 수는 없을까요?

- 미루기형 킬러 문구: 이 문제는 다음에 다시 논의하죠.
- 대처법: 다음에 논의해야 할 이유가 있을까요? 그렇다면 다음 미팅 약속을 잡을 수 있으면 좋겠어요.

- 잘난 체형 킬러 문구: 당신이 생각하는 것처럼 그렇게 간단하지 않아요.
- 대처법: 구체적으로 어느 부분이 복잡한가요?

- 걱정형 킬러 문구: 그 방법으로는 다들 실패했어요.
- 대처법: 그렇다면 이 아이디어를 이렇게 보완해 실행해 보면 어떨까요?

- 공격형 킬러 문구: 생각 좀 하고 말해요.
- 대처법: 저에게 그런 식으로 말씀하지 않으셨으면 해요.

이렇게 되묻는 질문을 활용하면 감정적 충돌에서 벗어나 다시 객관적인 대화로 돌아갈 수 있다. 다만 상대가 공격받았다고 느끼거나 변명해야 한다는 압박을 받을 수 있으므로, 어조와 표현을 신중히 선택해야 한다. 일부 책에서는 의도적으로 강하게 반격하라고 조언하지만, 나는 그런 말로 하는 힘겨루기는 권하지 않는다.

반격은 건설적이지도 건강하지도 않은 방법이다. 대신, 다음처럼 킬러 문구의 성격을 차분히 '명명'해 대화의 방향을 바로 잡을 수 있다.

○ 좀 더 건설적으로 이야기해 보면 좋겠습니다.
○ 본론으로 들어가 핵심 쟁점을 정리해 보면 좋겠어요.
○ 제가 아는 게 별로 없다는 말은 못 들은 걸로 할게요.

또 다른 방법은 실제 논거를 제시하는 것이다. 객관성을 유지하고 사실에 근거하여 주장하며, 신뢰할 수 있는 출처, 데이터, 사실 자료를 함께 언급한다. 이렇게 하면 상대를 가르치려 드는 인상을 최소화하면서도 맥락을 충분히 설명할 수 있다.

마지막으로 상대에게 입장을 분명히 밝혀 달라고 요청하는 방법이 있다. 이때 중요한 것은 상대의 동기를 진심으로 이해하려는 태도다. 정중한 질문으로 구체적인 근거와 대안을 끌어낼 수 있다.

○ 무엇을 가장 걱정하시는지 아직 충분히 이해하지 못했습니다. 구체적으로 설명해 주시겠어요?

- 그렇다면 어떤 대안을 제시하고 싶으신가요?
- 다른 해결책이 있으시다면 제안해 주세요.
- 이 사안에서 가장 우려되는 부분이 무엇인가요?

공격형 킬러 문구처럼 상대가 자신에게 노골적으로 무례하게 행동한다고 느껴질 때는, 분명하게 경계를 설정해야 한다.

- 서로를 존중하는 태도를 지켰으면 합니다.
- 지금 하신 말씀은 적절하지 않습니다. 예의를 갖추고 대화해 주세요.
- 답답하실 수는 있지만, 저에게 이렇게 말씀하시는 것은 옳지 않습니다.
- 이 대화를 더 효과적이고 서로를 존중하는 방향으로 이어가고 싶습니다.

필요하다면 특정 킬러 문구 하나를 골라, 그것을 어떻게 반박할지 여러 가능성을 머릿속에 떠올려 보고 하고 싶은 말을 마음껏 시도해 보는 것도 좋다. 이렇게 반박 문장을 자주 연습할수록 실제 스트레스 상황에서 뇌가 적절한 전략을 더 빨리, 더 잘 떠올릴 수 있다.

11장

"그 분야는 제가
더 잘 압니다."

**더닝-크루거 효과와
확증 편향**

엘레니는 지칠 대로 지쳤다. 그녀는 생각한다. '매일 상사의 지시를 따르고 아침 9시에 출근해 일하는 건, 이제 더는 못 하겠어.' 한동안 이런 생각에 마음이 답답했다. 그녀는 세계 어디서나 자유롭게 일하고 싶고, 더 많은 인정과 존중을 받고 싶어 한다. 오늘도 퇴근 후 소파에 누워 인스타그램 피드를 훑어본다.

'다들 멋진 삶을 사는구나.' 엘레니는 한숨을 내쉰다.

그녀는 완벽한 해변 사진, 멋지게 꾸민 작업 공간을 지나쳐 보고, 팔로우하는 사람들의 OOTD^{Outfit of the Day}에 감탄한다. 게시물을 더 넘기다 보니 스스로를 자기계발 멘토라 부르는 사람들이

올린 문구들이 보인다. 그녀는 그 문구들을 읽으며 자기실현에 도움이 될 만한 팁도 얻는다.

'뭔가 바뀌어야 해. 나도 언젠가는 나만의 일을 하며 독립적으로 일하고 싶어.' 엘레니는 마음을 다잡는다. '나도 이 멘토들처럼 인스타그램을 기반으로 심리 관련 일을 하고 싶어. 친구들도 늘 내가 공감 능력이 뛰어나고 조언을 잘한다고 하잖아. 온라인으로 사람들에게 상담해 줄 수 있을 것 같아.'

몇 주 후, 그녀는 인스타그램 채널을 개설한다. 그녀는 거의 매일 소셜 미디어에 심리학 관련 팁을 올린다.

엘레니의 휴대폰이 울린다. 친구 레베카다. "안녕, 레베카, 어떻게 지내?" 엘레니가 휴대폰에 대고 속삭인다.

"잘 지내. 그런데 너 요즘 인스타그램에 뭘 올리고 있어?"

"내가 심리학에 관심이 많잖아. 이쪽으로 자리를 잡아 전문적으로 일하고 싶어서. 열정을 쏟아붓는 중이야."

"그런데 엘레니, 너는 심리학을 배운 적이 없잖아…" 레베카가 약간 망설이며 말한다.

"아니, 나 팟캐스트도 듣고 심리학 책도 많이 읽었어. 게다가 게시글 반응도 정말 좋아. 너도 내가 평소에 조언 잘한다고 했잖아. 그러니 이번엔 그냥 응원만 해 줘."

잠시 정적이 흐른다. 레베카가 숨을 깊이 내쉰 뒤 말한다.

"다 좋은데, 우울증이나 외상 후 스트레스 장애 다루는 방법을 올리는 건 좀 그래. 너무 위험해!"

"다들 올리는 내용이야. 게다가 사람들에게 도움이 되잖아."

"나도 네가 성공하기를 진심으로 바라. 다만 심리적 어려움을 겪는 사람들에게 그렇게 쉽게 조언해도 된다고는 생각하지 않아." 레베카가 조심스럽게 말한다.

"아니야, 난 할 수 있어. 네가 내 성장을 기뻐하지 않는다니 정말 서운하다."

☆ ☆ ☆ ☆

엘레니는 새로운 일에 대한 열정에 푹 빠져 자신의 지식이 다른 사람에게 공개적으로 조언할 만큼 충분하지 않다는 사실을 간과하고 있다. 그녀는 인지 편향의 영향을 받아 상황을 객관적으로 보지 못한다.

사실 이는 우리 모두에게 일어날 수 있는 일이다. 뇌가 정보를 자동으로 처리하고 해석하는 과정에서 합리적 사고와 객관적 의사 결정이 흔들릴 수 있다. 이는 뇌가 특정 정보를 우선 처리하고 다른 정보는 무시하기 때문이다.

인지 편향은 대개 많은 정보를 빠르게 처리하고 신속한 결정을 내리기 위해 사용하는 정신적 지름길에서 비롯된다. 이 지름길은 일상적인 문제를 해결하는 데는 유용하지만, 잘못되거나 편향된 결론으로 이끌 수도 있다. 예를 들어 우리는 자신의 확신과 기대를 현실에 투영하는 경향이 있어 사건이나 사실을 왜곡해 인식하곤 한다.

인지 편향은 감정적 반응과 사회적 영향으로 더 강화되며, 그만큼 우리의 행동과 결정에 큰 영향을 미친다. 이런 사회적 영향과 과잉 자극은 소셜 미디어에서 쉽게 발견된다. 앞서 언급한 이야기에서 엘레니 역시 소셜 미디어의 영향을 크게 받고 있다. 이러한 편향의 존재를 인식하는 것은 더욱 비판적으로 사고하고 근거 있는 결정을 내리는 데 매우 중요하다.

믿고 싶은 것만 믿는 이유 _____

인지 편향의 가장 일반적인 두 가지 형태는 더닝-크루거 효과Dunning-Kruger Effect와 확증 편향Confirmation Bias이다.

더닝-크루거 효과는 특정 분야에서 역량이나 지식이 부족한 사람이 스스로의 능력을 과대평가하는 현상을 말한다. 이런 사람들은 자신에 대한 자신감이 지나치게 높고, 한계를 잘 인식하지 못한다. 이야기 속 엘레니 역시 이런 모습을 보인다. 그녀는 팟캐스트를 듣고 책 몇 권을 읽은 것만으로도 심리 조언을 해도 된다고 생각했다.

심리학자 데이비드 더닝David Dunning과 저스틴 크루거Justin Kruger가 1999년에 이 효과를 처음 설명했다. 더닝과 크루거는 이 효과가 메타인지Metacognition의 부족에서 비롯된다고 보았다. 메타인지가 부족한 사람은 결정, 인식, 관점, 생각, 감정과 같은 인지 과정을 제대로 성찰하지 못한다.

모든 사람이 더닝-크루거 효과의 영향을 받을 수 있다.[1] 예를 들어 어떤 주제에 대해 실제로는 아는 게 거의 없는데도 금세 확신을 가지는 경우가 그렇다. 이렇게 성급하게 형성된 확신과 의견은 일상에 지속적으로 영향을 미친다.

우리는 종종 '알고 있다'와 '할 수 있다'를 혼동한다. 전형적인 말들이 다음과 같다.

- 나 이거 전에 읽어 본 적 있어. 나 할 수 있어.
- 나 이거 많이 들어봤어. 나 이거 잘 알아.
- 그거 진짜 간단해. 다른 사람들이 왜 어려워하는지 이해가 안 돼.

◦ 친구들도 내가 이거 잘한다고 하더라.

참고로 더닝-크루거 효과는 종종 나르시시즘^{Narcissism}과 혼동되지만, 서로 다른 개념이다. 더닝-크루거 효과는 특정 분야에서 실력이 부족한 사람이 스스로의 능력을 과대평가하고, 반대로 유능한 사람이 자신을 과소평가하기도 하는 인지 편향을 설명한다. 전자의 경우 지식이나 경험이 부족해 일의 복잡성과 자신의 수행 능력을 정확히 판단하지 못하는 데서 비롯된다. 이러한 오판은 주로 특정 능력과 지식 영역에서 나타나며, 상황에 따라 달라질 수 있다.

반면 나르시시즘은 성격장애로, 과도한 칭찬 욕구와 과대 자기 개념을 보이며 타인에 대한 공감이 부족하다. 나르시시즘 성향이 있는 사람은 과도한 자존감을 지니고 외부로부터 끊임없이 확인과 인정을 구한다. 이는 성격과 자아상, 대인관계 전반에 영향을 미치며, 특정 능력이나 지식 분야에만 국한되지 않는다.

인지 편향의 두 번째 형태는 확증 편향이다. 일상에서 가장 흔하게 보이는 인지 편향 중 하나다. 우리는 자신의 세계관에 맞지 않는 것을 틀렸다고 판단하는 경향이 있으며, 반대로 어떤 정보가 자신의 생각을 뒷받침한다고 느낄 때 그 정보를 옳다고 여긴다. 이는 상황이나 정보를 객관적으로 평가하기가 왜 어려운지를 잘 보여 준다. 어떤 상황을 평가할 때 늘 개인적 경험과 감정이 개입하기 때문이다.

엘레니도 확증 편향에 사로잡혀 있다. 그녀는 팔로워들의 지지에 힘입어 점점 더 복잡한 심리 문제를 다루기 시작했고, 얼마 지나지 않아 우울증과 외상 후 스트레스 장애에 관한 조언까지 게시한다. 엘레니는 친구의 의견보다 팔로워들의 반응을 더 중시하며, 팔로워 수가 증가하는 것이 곧 자신의 능력이 인정받는 것이라 느낀다.

마인츠 대학교의 사회심리학 및 법심리학 교수인 롤란트 임호프Roland Imhoff는 우리가 기존에 가지고 있는 신념을 뒷받침해 주는 정보와 사실에 더 주목한다는 사실을 연구를 통해 확인했다. 우리가 '객관적으로' 정보를 얻고자 해도 자주 확증 편향에 빠지는 이유다.[2]

또한 누군가가 자신과 다른 의견을 갖고 있음을 알게 되는 순간 전전두엽 피질의 활동이 줄어든다. 정보 처리를 담당하는 이 뇌 영역은 자신의 생각과 일치하지 않는 의견을 중요하지 않은 정보로 분류한다.[3]

다른 연구에서는 참가자들에게 자신의 정치적 견해와 반대되는 주장을 읽게 하고, 감정 처리를 담당하는 편도체의 반응을 관찰했다. 그 결과 참가자들은 글을 읽는 동안 스트레스를 유발

하는 부정적 감정을 경험했다.[4]

이처럼 자신의 의견과 생각에 일치하지 않는 정보를 접할 때 뇌는 부정적 감정과 스트레스 반응을 보인다. 사람들이 피드백을 제대로 받아들이기 어려워하는 이유다. 특히 흥미로운 점은, 단순히 '읽는 것'만으로도 부정적 감정이 촉발될 수 있다는 사실이다. 실제 연구 과정에서 토론처럼 의견을 주고받는 상호작용이 없었는데도 말이다.

확증 편향은 건강에도 부정적 영향을 미칠 수 있다. 불안 장애가 있는 사람들은 자신의 불안을 더 쉽게 확신하게 되고, 그 결과 불안이 심해지거나 건강에 해로운 생각이 강화될 수 있다. 건강 염려증 역시 확증 편향을 통해 증폭될 수 있다.

중요한 사실이 있다. 많은 사람이 이러한 인지 편향에 빠지는 것은 악의적 의도가 있거나, 자신이 반드시 옳다고 주장하기 위해서가 아니다. 이는 기본적인 심리적 욕구에서 비롯될 수도 있다. 사람들은 인정, 존중, 자기 보호, 자존감 향상에 대한 지극히 자연스러운 욕구를 가진다. 기본적으로 많은 사람에게 타인의 평가는 중요하며, 언제나 유능한 사람으로 보이고 싶어 하기에 이런 인지 편향이 나타나는 것이다.

감정적 대화에서 벗어나는 법 _____

　더닝-크루거 효과는 메타인지가 부족해서 나타나는 것이므로, 메타커뮤니케이션을 강화하는 것이 적절한 해결책이 될 수 있다. 메타커뮤니케이션은 '커뮤니케이션에 대한 커뮤니케이션'을 뜻한다. 논쟁을 잠시 멈추고, 우리가 지금 어떻게 말하고 있는지 대화의 의도, 규칙, 역할, 기준, 목표, 감정 상태를 공유하는 것이다. 실제로 어떤 의도에서 그런 말을 했는지, 대화 상황에서 사람들이 무엇을 보고 느꼈는지에 대해 이야기한다. 이는 감정적 논쟁에서 벗어나는 데 도움이 된다.

　'지금 여기서 진짜 중요한 문제는 뭘까?' 이 질문은 한 걸음 떨어져 상황을 바라보게 해 준다. 이 질문을 던지는 순간 대화 참여자들은 관찰자에 가까운 시선으로 상황을 보게 된다.

　실제로 대화에서 논의되는 사안 자체보다 전혀 다른 것이 문제가 되는 경우가 많다. 많은 사람이 대화 속에서 자기 존재감을 드러내거나, 입장을 강하게 밀어붙이거나, 특정 욕구를 채우려 하거나, 자신을 진지하게 받아들여 주길 바라는 것이다.

　엘레니는 자신이 새로운 시작을 했다는 사실에 자부심을 느끼고, 팔로워들의 긍정적 피드백에 기뻐한다. 그리고 친구 레베카가 함께 기뻐해 주지 않자 섭섭해한다. 레베카는 엘레니가 인터넷에 올리는 글에 비판적이며, 그녀의 도전을 막고 싶어 한다. 엘레니는 레베카의 관점을 받아들이지 않고, 공감받지 못한다고 느껴 순식간에 감정적이고 방어적으로 반응한다.

레베카는 인지 편향에 빠진 친구를 설득하기 위해 다른 방식으로 운을 뗄 수 있다. 예를 들면, "엘레니. 네가 좋아하는 일을 찾았다니 정말 기뻐. 이건 걱정이 되어서 하는 말인데, 요즘 인스타그램에 올리고 있는 정보에 대해 말해 줄 수 있어?"와 같이 말이다.

엘레니의 대답이 그대로라고 가정해 보자. "아, 나 이미 팟캐스트도 많이 듣고 책도 많이 읽었어. 지금 반응도 정말 좋아. 너희도 내가 좋은 팁 많이 준다고 늘 그러잖아. 그러니 그냥 날 인정해 줘."

레베카는 이렇게 대답할 수 있다. "엘레니, 나는 너를 진심으로 응원해. 네가 그 분야에 오래 관심을 가져왔다는 것도 알아. 이건 너를 비난하기 위해서가 아니라 확인하기 위해서 묻는 건데, 혹시 심리학 교육을 더 받거나 학위를 취득할 생각은 있어?"

레베카는 자신이 엘레니를 걱정하고 있다는 것부터 전할 수도 있다. "걱정되는 게 하나 있는데, 들어줄 수 있어?"처럼 말이다.

이 사례처럼 이미 토론이 한창일 때는 메타 수준의 질문이 도움이 된다. 몇 가지 예를 들어 보겠다.

- 지금 여기서 진짜 문제는 뭘까?
- 지금 무엇이 가장 중요하지?
- 이 논쟁에서 우리가 얻고자 하는 목표가 뭘까?
- 지금 우리가 얘기하는 목적이 뭐지?

　이러한 질문은 격해질 수 있는 토론을 잠시 멈추고 새로운 초점을 마련해 준다. 메타커뮤니케이션은 다음과 같은 형태를 띨 수도 있다.

- 지금 우리가 서로 엇갈리는 이야기를 하는 것 같아요.
- 이 부분에서 오해가 있는 것 같아요.
- 이 부분에서 우리 관점이 전혀 다른 것 같아요.
- 제가 제대로 이해했는지 잘 모르겠어요. 다른 방식으로 다시 설명해 주시겠어요?

　이 문장들은 레베카와 엘레니의 대화에도 도움이 되었을 것이다. 메타커뮤니케이션은 직장에서도 유용하다. 예컨대 회의 중 대화가 잘 진행되는지 점검하거나, 팀 내부의 소통 방식을 함께 돌아보는 것이다. 예시는 다음과 같다.

- 회의는 어떻게 진행되었나요?

- 안건이 어느 정도 논의되었나요?

- 서로 의견을 충분히 나누고 다양한 관점을 받아들였나요?

- 팀 내에서 소통이 특히 잘되는 부분은 무엇인가요?

- 더 나은 피드백을 주고받으려면 무엇이 필요할까요?

- 우리의 소통에서 고칠 점은 무엇일까요?

이러한 질문의 장점은 대화에서 누구도 승자나 패자가 되지 않는다는 것이다. 모두가 동등한 위치에서 목표에 집중할 수 있고, 논쟁으로 번지지 않아 스트레스 호르몬도 줄일 수 있다. 그렇게 하면 만족스러운 해결책을 함께 찾을 수 있다.

나 사용 설명서 _____

메타 커뮤니케이션의 또 다른 긍정적인 효과는 자신을 더욱 잘 돌아보게 된다는 점이다. 우리가 자신의 의사소통 방식에 대해 의식적으로 성찰할 때 자신의 강점과 약점을 인식하게 된다. 이러한 과정을 통해 우리는 개인적으로 발전하고 성장할 수 있으며, 이는 정신 건강에도 긍정적인 영향을 준다.

추천할 만한 방법으로는 일종의 나 사용 설명서^{Manual of Me}를 만들어 보는 것이다. 여러 명이 모여 자신이 의사소통을 할 때 주로 어떤 패턴을 보이는지 정리한다. 참여자들은 이런 질문을 스스로에게 던져 볼 수 있다.

- 다른 사람과의 소통에서 내가 특히 중요하게 생각하는 것은 무엇인가?
- 다른 사람과의 소통에서 내가 어려워하는 점은 무엇인가?
- 다른 사람들이 나의 소통 방식에서 특히 높이 평가하는 부분은 무엇인가?
- 나는 스트레스를 받을 때 어떻게 소통하는가?
- 내가 특히 가치 있다고 느끼는 것은 무엇인가?
- 피드백을 받아들일 때 도움이 되는 것은 무엇인가?

이런 질문에 답하다 보면 자신을 더 명확히 이해할 수 있게 된다. 특히 팀에서 이러한 의사소통 매뉴얼을 작성하여 공유하면 업무를 할 때 서로가 원하는 방식으로 소통할 수 있도록 배려하게 된다. 또한 주기적으로 의사소통 매뉴얼을 업데이트하는 것이 중요하다.

아무 목적이 없는 비생산적인 토론에는 가능한 한 참여하지 않는 것이 좋다. 자기 의견을 고집하는 토론이 바로 그렇다. 이러한 상황에서는 얻을 만한 것이 거의 없기 때문에 논쟁에 참가해 봤자 건강만 망칠 뿐이다. 물론 사람은 누구나 자기 관점을 고수할 수 있다. 그러한 상황에서는 자신을 되돌아보며 다음과 같은 질문을 던져보는 것이 좋다.

- 내가 절대적으로 옳다고 확신할 수 있는가?
- 나는 왜 이 상황을 감정적으로 대하는가?
- 지금 구체적으로 무엇이 내 신경을 거슬리게 하는가?
- 나는 지금 당장 이 상황을 바꿀 수 있는가?

또 다른 대안으로, 친근하게 대화를 마무리하거나 상대의 관점과 의식적으로 거리를 둘 수도 있다. '하지만' 대신 '그런데 한편으로는'이라는 표현을 사용하여 상대를 반박하는 느낌을 줄이는 것도 좋다.

- 나는 당신의 관점을 인정해요. 그런데 한편으로는 다른 의견도 가지고 있어요.
- 이 주제에 대해서는 논의하고 싶지 않아.
- 오늘은 이쯤에서 대화를 마무리했으면 해.

○ 서로 의견이 다르다는 것을 인정해야 한다고 생각해.

○ 나는 네 의견을 존중해. 그러니 더 이상 논쟁하고 싶지 않아.

롤랜드 임호프 교수는 확증 편향을 극복하기 위해 반대로 생각하기Think the Opposite 전략을 추천한다. 내가 지금 믿는 결론, 가설, 직감의 정반대 가정을 잠깐 채택하고, 그 가정이 참일 가능성을 찾는 사고 기법이다. 이 전략을 사용하면 다음과 같은 궁금증을 강하게 가지게 된다. 내 확신과 정반대되는 내용이 맞을 수도 있지 않을까? 이 정보가 틀릴 수도 있지 않을까? 상대의 말이 맞을 수도 있지 않을까? 내가 잘못 생각하고 있는 건 아닐까?[5]

다른 의견을 열린 마음으로 듣고, 스스로를 꾸준히 점검하며 직감에도 귀를 기울이자. 상대가 왜 그런 생각에 이르렀는지 묻는 솔직함은 대화를 훨씬 수월하게 한다. 진심으로 이해하려는 태도는 언제나 도움이 된다.

자신의 한계를 잊지 말고, 어떤 토론이 유익하고 어떤 토론이 소모적인지 가려내는 감각을 기르자. 그리고 명심하자. 모든 문제에 꼭 자기 의견을 가질 필요는 없다!

12장

"너 정말 최악이다."

서로를 상처 입히는
비난

"세상에." 테일러가 현관에 쌓인 택배 상자들을 보자마자 놀란 듯 말한다. "또 이렇게 온라인 쇼핑을 했잖아?"

"마야?" 테일러가 집 안이 쩌렁쩌렁 울리게 외친다.

"갈게!" 거실에서 마야의 대답이 들려온다. 현관으로 온 마야는 상자들을 보고 상황을 직감한다.

"마야, 또 샀다고? 진심이야?" 테일러가 택배 상자 하나를 휙 들어 올리며 말한다.

"또 시작이네!" 마야는 짜증이 치민다.

"뭐라고? 우리 불필요한 지출을 줄여야 한다고 몇 번이나 말했지!"테일러가 고개를 절레절레 흔든다.

"너야말로 맨날 '절약' 운운하면서 새 기기랑 부품은 잘도 사잖아. 그런 걸로 나가는 돈이야말로 더 큰데? 그런데 네가 나한테 돈 아끼라고 얘기해? 진짜 웃겨!"마야는 화가 머리끝까지 났다.

"마야, 나 혼자만을 위해 이러는 게 아니야. 우리 둘을 위해 그러는 거라고! 지난 몇 달간 너 하는 걸 보면 같이 돈을 모으자고 했던 약속을 전혀 중요하게 여기지 않는 것 같아. 전기세 생각도 안 하고 불도 맨날 켜놓고 다니잖아. 욕실 불도 매번 내가 끄는 게 일이야. 얼마나 짜증 나는지 알아?"

"넌 최악이야. 이렇게까지 숨 막히게 살아야 해? 네가 맨날 잔소리만 하니까, 뭘 살 때마다 또 뭐라고 할까 봐 불안하잖아. 그건 돈 낭비라느니, 대중교통 타라느니, 키친타올도 아깝다 하고, 장바구니 꼭 들고 다니라 하고. 게다가 옷 사면 또 '괜한 소비'라고! 내가 너랑 왜 결혼을 했는지 모르겠다."

"넌 아직도 중요한 게 뭔지 전혀 모르는구나."테일러가 진지하게 말한다.

둘 사이에 냉랭한 기운이 감돈다.

테일러와 마야에게 일어나는 일은 독일 부부의 63%가 적어도 한 달에 한 번 겪는 일이다. 심지어 14%는 매주 말다툼을 벌인다.[1]

대부분의 말다툼과 갈등은 비난에서 시작된다. 비난은 누군가의 잘못이나 실수를 지적하며, 문제나 실수에 주목시키려는 의도로 비판적으로 질책하는 말이다. 서로에게 말을 '집어 던지는' 방식이어서 대체로 공격적이다.

비난하는 말의 특징 _____

비난은 대개 어떤 일이 오랫동안 쌓였을 때 터져 나온다. 많은 사람이 자신을 괴롭히거나 불편하게 만드는 문제를 마음속에 담아두다 한참이 지나서야 말로 꺼낸다. 갈등을 피하고 싶어서이기도 하고, 작은 일을 크게 만들고 싶지 않아서이기도 하다.

그러나 너무 오래 참으면 사소한 문제도 눈덩이처럼 커진다. 특정 상황을 일시적으로 견딜 수 있다고 해서 그것이 반드시 인내해야 할 이유가 되지는 않는다. 여기서 중요한 질문은 '이걸 참을 수 있는가?'가 아니라 '나는 이걸 정말로 참고 싶은가?'이다.

비난의 특징은 다양하지만 전형적인 모습은 다음과 같다.

- 일반화: 항상, 누구나, 아무도, 결코, 모두 같은 표현을 자주 쓴다.
- 과장: 문제 상황을 부풀려 과도하게 표현한다.
- 너 메시지You-Message 화법: "너야말로 맨날 새 기기랑 부품 같은 거 사잖아."처럼 '너'를 주어로 삼는다.
- 다른 것에 초점 맞추기: 해결책을 제시하지 않고 과거의 행동과 문제 제기에만 머문다.
- 성격 공격하기: "넌 너무 예민해."처럼 성격적 특성을 비난한다.
- 주관성: 자신의 관점과 인식을 강하게 반영한다.
- 감정성: 분노, 짜증 등 강한 감정이 동반된다.
- 질책하는 어조: 탓하는 말투가 많고, 큰 소리로 말한다.
- 관점을 바꾸지 않음: 상대의 관점, 감정, 욕구를 이해하려 하지 않는다. 자신의 상처받은 감정과 욕구에만 집중한다.
- 부정적 의도: 상대가 애초에 나쁜 의도를 가졌다고 전제한다.

비난은 형태 또한 매우 다양하다.

- 직접적 비난: 명확하고 노골적인 비난으로, 공격적으로 표현된다. 예를 들면 "넌 항상 문제야."가 있다.

- 간접적 비난: 암시나 애매한 표현을 통해 드러난다. 예를 들면 "보통 상식적으로는 그렇게 안 하지 않아?"가 있다.

- 비교형 비난: 다른 사람이나 상황과 비교하며 비난한다. 예를 들면 "다른 집 애들은 다 알아서 하던데."가 있다.

- 평가형 비난: 행동 지적을 넘어 사람 자체를 평가한다. 예를 들면 "너는 원래 책임감이 없었지."가 있다.

- 도덕적 비난: 윤리적, 도덕적 기준을 들며 그에 미치지 못했다고 책망한다. 예를 들면 "그건 양심이 있으면 못 하는 행동이야."가 있다.

- 자기 연민형 비난: 자신의 고통을 내세워 상대를 탓하고 본인이 피해자처럼 보인다. 예를 들면 "너는 항상 기분 나쁜 걸 나한테 풀고 나는 받아주는 역할이지."가 있다.

- 감정적으로 협박하는 비난: 상대 감정을 조종해 원하는 행동을 끌어내려 한다. 예를 들면 "네가 날 정말 소중히 생각했다면 그런 말은 안 했을 거야."가 있다.

- 회고형 비난: 과거 일을 끄집어내 상대의 잘못을 계속 책망한다. 예를 들면 "그때 약속 어겼던 거 아직도 기억나."가 있다.

◦ 가정형 비난: 아직 일어나지 않은 일을 가정하고 추측해 비난한다. 예를 들면 "너가 계속 이러면 너 때문에 파티가 취소될 수도 있어."가 있다.

눈빛, 한숨, 경멸 섞인 제스처, 비판적인 표정 등은 비언어적 비난이 될 수 있다. 다만 눈빛은 쉽게 오해될 수 있으므로, 상대에 대해 섣불리 넘겨짚기보다 먼저 확인하는 편이 좋다.

특히 연인과 부부 관계에서는 비난이 잦다. 대개 상대에게 인정받지 못한다고 느끼거나 자신의 욕구가 채워지지 않는 데서 비롯된다. 2023년 한 연구에 따르면 두 번째로 흔한 이별 원인은 의사소통의 부재였다. 여성의 47%, 남성의 40%가 파트너와 제대로 대화하지 못하거나 오해가 잦을 때 이별을 고민한다고 답했다.[2] 어느 정도는 소통의 부재를 버티며 지낼 수 있어도, 장기적으로는 어려운 것이다.

참고로, 비난 상황에서는 왓어바웃이즘Whataboutism이 자기 방어 수단으로 자주 사용된다. 왓어바웃이즘은 비판을 받았을 때 핵심 쟁점에서 벗어나 다른 사례를 끌어옴으로써 주의를 돌리거나 상대의 도덕성, 정당성을 깎는 화법이다. 보통 "그건 그래. 그런데 이건 어쩌고?", "하지만 다른 회사들은…", "그래, 그런데 다른 상황에서는 …"처럼 시작된다.

왓어바웃이즘은 다음 세 가지 특징이 있다.

- 화제 돌리기: 다른 주제로 시선을 옮긴다. 예를 들면 "그래, 그런데 그보다 이번 달 관리비가 왜 이렇게 많이 나왔는지부터 얘기하자."라는 식이다.
- 비교: 다른 상황을 끌어와 문제의 심각성을 축소한다. 예를 들면 "다른 팀들은 더 심각해. 우리 정도면 괜찮은 편이야."라는 식이다.
- 책임 회피: 책임이나 잘못을 피한다. 예를 들면 "글로벌 기업들도 탄소 줄이기를 안 하는데, 개인이 해 봐야 무슨 의미가 있어? 분리수거 안 해도 돼."라는 식이다.

갈등을 맞닥뜨릴 때 우리 뇌의 반응 ＿＿＿＿

우리 뇌는 불쾌한 의사소통 상황에서 네 가지 경계 태세 중 하나를 작동시킨다. 첫 번째는 싸우기 fight 태세다. 이 모드가 켜지면 말이 오가는 과정에서 갈등이 커지고, 말다툼이 격해져 모욕적이고 무례한 표현까지 나온다. 당사자들은 목소리를 높이고 고함을 치며, 상황이 악화된다. '싸우기' 모드에서는 심박수와 혈압이 오르고 근육으로 가는 혈류가 증가한다. 아드레날린과 코르티솔 같은 스트레스 호르몬이 분비되며 공격 준비 상태가 갖춰진다. 이는 감지된 위협에 강하게 대응하도록 에너지를 끌어올리는 과정이지만, 이런 상태가 지나가면 극도의 탈진을 겪거나 우울감과 슬픔을 느끼는 경우가 많다.

갈등 상황에서 나타나는 전형적 반응 중 두 번째는 도망치기 flight다. 이 태세에 들어가면 사람은 갈등을 피하거나 물러서려는 경향을 보인다.

도망치기 반응은 여러 모습으로 나타난다. 어떤 사람은 문제를 해결하려 하지 않고 그 자리를 떠나거나 스스로를 고립시켜 물리적으로 상황을 피한다. 또 어떤 사람은 분노, 좌절, 두려움 같은 감정을 억누르며 정서적 거리를 둔다. 빈정대거나 해야 할 일을 일부러 미루는 등, 불만과 분노를 간접적으로 드러내는 수동공격적 행동이 나타날 수도 있다.

대립을 피하는 것 역시 하나의 전략일 수 있다. 당사자는 자신을 보호하기 위해 의도적으로 갈등 상황이나 특정 인물을 피하고, 불편한 대화를 회피하거나 중요한 문제를 아예 언급하지 않는다. 심장이 두근거리거나 땀이 나고 몸이 떨리거나 위장에 불편이 생기는 등 신체적 증상이 뒤따를 수 있다. 수면 장애나 지속적인 불안감을 호소하는 경우도 있다.

갈등 상황에서 우리 뇌가 작동하는 세 번째 방식은 얼어붙기 freeze다. 얼어붙기 태세를 취하는 사람은 의사소통 중 스트레스를 받으면 일종의 블랙아웃blackout을 경험한다. 말 그대로 몸이 얼어붙어 행동할 수 없게 된다.

그 결과 말문이 완전히 막히기도 한다. 입이 바짝 마르고 도무지 말이 나오지 않는다. 몸이 경직되면 정신도 굳어 버려 명확하게 생각하거나 자신을 적절하게 표현하는 데 어려움을 겪는다. 심장 박동이 빨라지거나 호흡이 가빠지고, 근육이 굳는 등 신체적 증상이 나타나기도 한다.

얼어붙기 모드에 빠진 사람은 대개 극도의 무력감을 느낀다. 그러나 상황에서 벗어나 시간이 지나면 그제야 어떻게 대응했어야 좋았는지에 대한 다양한 방법이 떠오르기 시작한다. 그러면 뒤늦게 자기 자신을 지키지 못했다는 생각에 화가 나고 자책하게 된다.

때로는 뇌가 비위 맞추기fawn 모드로 전환된다. 이때는 핑계를 대거나 지나치게 상대의 기분을 맞추며 불편한 상황에서 벗어나려 한다. 비위 맞추기 태세를 취하는 사람은 스트레스 때문에 본래 의도와 전혀 다른 말을 하고 나중에 후회하는 경우가 많다. 자신을 낮추거나 사실이 아닌데도 모든 잘못을 스스로의 탓으로 돌리기도 한다. 상대에게 마음에도 없는 양보를 하거나 과도하게 친한 척을 하기도 한다. 이는 뇌가 가능한 한 빨리 상황을 평화롭게 만들려 하기 때문이다.

또한 자신의 욕구를 무시하고 대립을 피하려는 경향을 보인다. 감정을 억누르거나 몸의 스트레스 반응을 진정시키려 할 때도 심박수 증가, 근육 긴장, 위장 불편과 같은 신체적 증상이 나타날 수 있다. 특히 인간 관계에서 조화를 중요하게 여기는 사람일수록 이런 반응을 자주 경험한다.

의사소통 중 스트레스가 발생하면 우리 몸은 싸우기, 도망치기, 얼어붙기, 비위 맞추기라는 네 가지 태세 중 하나를 선택한다. 갈등이나 문제가 생길 때 내가 가장 자주 사용하는 생존 전략이 무엇인지 알아두면 좋다.

싸움이 날 것 같으면 걷기부터 _____

비난 상황이 스트레스를 유발한다는 건 분명하다. 동시에 많은 사람은 자신의 욕구를 표현하고 다루는 일을 어려워한다. 그렇다면 문제에 대해 대화하면서 스트레스를 줄일 수 있는 방법이 있다면 가장 이상적일 것이다. '걸으면서 하는 대화'가 그 해법이 될 수 있다.

미국 사무실 문화에는 테이크아웃 컵을 들고 워킹 미팅^{walking} ^{meeting}, 워크 앤 토크^{walk and talk}를 하는 방식이 흔하다. 심리치료에서도 '걸으면서 대화하기'가 점점 더 널리 쓰이며 '움직이는 대화'라고 부르기도 한다.

누군가를 비난하기 전에, 그 사람과 함께, 혹은 혼자서라도 먼저 걸어 보자. 이미 갈등이 있는 상황에서도 산책은 분명 도움이 된다.

산책하며 갈등이나 비난 상황을 풀면 장점이 많다. 우선 테이블에 마주 앉아 눈을 맞추며 이야기할 때처럼 정면으로 대면할 필요가 없다. 어떤 사람에게는 눈 맞춤 자체가 큰 스트레스가 된다.

또한 자연과 움직임은 몸과 마음, 그리고 정신에 긍정적으로 작용한다. 막스 플랑크 인간발달연구소 연구에 따르면 신선한 공기를 마시며 걷는 것은 기분, 집중력, 작업기억, 정신 건강에 좋은 영향을 준다.[3] 여기서 작업기억은 정보를 단기적으로 저장하는 데 쓰인다.

연구에 따르면 하루 평균 걸음을 4,000보에서 8,000보로 늘리면 10년 후 전반적 사망 위험이 50% 줄어든다. 이때 걸음 속도는 크게 중요하지 않다. 하루 걸음 수가 많을수록 심혈관 질환과 암 발생 위험이 낮아진다.[4]

운동량은 감정 처리와 부정적인 뉴스에 대처하는 방식에도 영향을 준다. 평소 운동이 부족한 사람은 슬픈 장면을 본 뒤 우울감이 오래가고 감정 조절도 더 어렵다. 반면 현재나 과거에 활동량이 많은 사람은 감정을 더 빠르고 능숙하게 처리한다. 부정적 사건을 인식하더라도 그 감정에 휩싸이지 않는 것이다.

산책은 반추에 빠질 위험도 낮춘다.[5] 심리학에서 반추는 부정적 생각이나 감정, 사건을 통제하지 못하고 반복적으로 되새기는 것을 뜻한다.

산책 외 또 다른 대안으로 비난-소망 규칙을 활용해 볼 수 있다. 비난을 소망으로 바꾸어 말하는 것이다. 예를 들어 "너는 집안일을 한 번도 도와준 적이 없어." 대신 "앞으로 집안일을 도와주면 좋겠어."라고 표현한다. 비난을 받으면 마음을 열거나 공감하기 어렵기 때문에 이 방식이 도움이 된다.

만약 자신이 타인이나 자신을 비난하는 경향이 있다면 다음 전략들이 도움이 될 수 있다.

○ 성찰하기: 나는 어떤 순간, 어떤 상황에서 특히 쉽게 비난하는가? 그 상황을 어떻게 다르게 만들 수 있을까?
○ 스트레스와 정신적 부담 줄이기: 스트레스가 많을수록 작은 일도 쉽게 커진다. 균형을 찾고 정신적 부담을 줄이는 데 힘

쓰자.

- ㅇ 해결 지향: 비난 상황에서는 스스로에게 바로 물어보자. 내 목표는 무엇인가? 문제에 머무르기보다 해결책을 말하자. 예를 들어 "제가 이 업무를 추가로 맡으면 버거울 것 같아요. 일을 어떻게 더 잘 나눌 수 있을까요?"라고 말한다.
- ㅇ 나-메시지 화법: 너-메시지를 피하고 자신의 관점에서 말하자. 예를 들어 "지금 나 혼자 아이를 돌보는 것 같아. 많이 힘들어."라고 말한다.
- ㅇ 재충전의 시간 갖기: 감정적으로 힘든 상황이라면 비난하기 전에 잠시 물러서자. 예를 들어 "잠깐 혼자만의 시간이 필요해요. 금방 돌아올게요."라고 말한다.

논쟁이나 갈등 상황에서는 사람마다 반응이 크게 다를 수 있다. 같은 말이라도 누군가에게는 존중으로 받아들여지지만, 다른 누군가에게는 비꼼으로 느껴질 수 있다. 따라서 자신의 표현을 상대에 맞게 조정하는 것이 바람직하다.

자연스럽고 자신에게 맞는 말만 선택하자. 억지스러우면 진정성이 없게 들릴 수 있다. 그리고 사과는 정말 미안한 마음을 담아 하자.

13장

"이걸 글이라고
올리나요?"

온라인상 비난

　루비는 주목받는 작가이자 활동가다. 그녀는 열정적이고 설득력 있는 화법을 구사한다. 인스타그램과 블로그에서 많은 팔로워를 보유하고 있으며, 사회 문제에 관한 글을 꾸준히 올린다. 그녀의 게시물은 많은 이의 공감을 얻는다.

　어느 날 루비는 성평등과 여성 인권에 대해 말하고 싶어 인스타그램에 사진 한 장을 올린다. 사진 속 루비는 하늘을 향해 주먹을 치켜든 강인하고 투쟁적인 여성이 그려진 거대한 벽화 앞에서 포즈를 취하고 있다. 그녀는 사진 아래에 이렇게 쓴다. "미래는 여성의 것이다. 이제 여성들이 세상을 지배할 차례다!"

몇 시간 만에 이 사진은 수천 개의 '좋아요'를 받지만, 댓글 반응은 엇갈린다. 일부 팔로워는 그녀의 용기와 단호함을 높이 평가한다. "우리에게는 바로 이런 메시지가 필요했어요.", "우리 모두를 대신해 목소리를 내줘서 고마워요." 같은 응원이 잇따른다.

그러나 모든 반응이 긍정적인 것은 아니다. "그럼 남자들은 지배당하라는 건가요?", "페미니즘은 평등을 위한 것이지 우월을 위한 게 아니에요. 당신의 글은 갈등을 조장하고 있어요."라는 비판도 나온다. 더 날카로운 댓글도 달린다. "이래서 많은 사람이 요즘의 페미니즘에 반감을 갖는 거예요." "갈등만 조장하는 계정"

논란이 빠르게 격화되고 루비는 거센 비난의 중심에 선다. 비판은 남성뿐 아니라 여성에게서도 나온다. "루비, 이 말은 남성을 소외시키는 것처럼 들려요."라는 오랜 팔로워의 댓글이 달린다.

루비는 "베를린에 사는 백인 여자의 사치스러운 고민일 뿐"이라는 댓글을 끝으로 앱을 닫는다. 심장이 요동치고 손에 땀이 밴다. 그녀의 머릿속에는 수많은 생각이 소용돌이친다.

✿ ✿ ✿ ✿

스트레스를 주는 대화 상황은 연인, 친구 관계, 직장, 가족, 낯선 사람과의 만남 안에서만 일어나는 것이 아니다. 요즘은 온라인에서도 점점 늘고 있다. 인터넷 의사소통은 더 거칠고, 때로는 불건전하다. 익명성과 비언어적 단서의 부재로 무례한 행동이 쉬워지고 오해도 잦기 때문이다.

에코 챔버Echo Chamber와 필터 버블Filter Bubble은 극단적 견해를 강화하고 반대 의견에 대한 관용을 줄인다. 에코 챔버는 기존 신념을 확인해 주는 정보만 반복적으로 접하며 다른 관점을 배제하는 온라인 환경을 뜻하고, 필터 버블은 알고리즘이 사용자의 관심사와 선호에 맞는 콘텐츠만 보여 주어 편향을 심화시키는 현상이다.

또한 인터넷에서는 정보가 순식간에 퍼지고 반응도 즉각적이라 충동적이고 정제되지 않은 표현이 쉽게 나온다. 익명성에 기대는 소통과 양극화된 콘텐츠를 우선시하는 알고리즘은 이러한 거친 분위기를 더 부추긴다. 발화에 대한 책임이 약한 구조, 공개 댓글 문화, 끊임없는 비교와 인정 경쟁 역시 공격적 소통을 유도한다. 이 모든 요인은 결국 스트레스를 키운다.

스트레스에 현명하게 대처하기 _____

일반적으로 사람들은 불편하고 부담스러운 상황을 피하고 싶어 한다. 왜일까? 이런 상황이 우리 몸과 마음을 극도의 비상 상태로 몰아넣고 많은 에너지를 소진하게 만들기 때문이다. 엄청난 스트레스는 우리를 오랫동안 병들게 할 수 있다.

심지어 스트레스는 고혈압을 유발할 수 있다. 독일에서는 2천만 명에서 3천만 명이 고혈압을 앓고 있다.[1] 고혈압이 지속되면 혈관이 손상되고 뇌졸중, 심장마비, 신장 손상으로 이어질 수 있다. 고혈압 상태에서는 우리 몸이 스트레스 호르몬에 완전히 잠식된다.

그렇다면 스트레스가 극심한 대화 상황에서 어떻게 대처해야 할까? 우선, 그때그때 상황을 바로잡거나 즉각 반응하는 일은 가능하지도, 바람직하지도 않다. 때로는 감정이 지나치게 격해지거나 충격을 받아 이러지도 저러지도 못하는 경직 상태에 빠지기도 한다. 이럴 때는 온라인이든 오프라인이든 충분한 시간을 갖는 것이 좋다. 우리가 흔히 저지르는 큰 실수 중 하나는 모든 일에 즉각 반응하려 하거나 그래야 한다고 믿는 것이다. 이는 스트레스 상황에 스트레스를 더할 뿐이다.

스트레스 상황에서 가장 먼저 할 일은 비행기에서처럼 산소마스크를 쓰는 것이다. 난기류가 있을 때 옆자리 사람을 챙기는 것보다 내 산소마스크부터 쓰는 것이 우선이듯, 의사소통 중의 스트레스 상황도 같다. 다른 사람을 구하려 애쓸 필요도, 무언가를 참고 견딜 필요도 없다. 우선 자기 자신을 그 상황에서 벗어나게 하자.

산소 이야기를 계속 해 보자. 스트레스는 호흡을 빠르게 하고, 빨라진 호흡은 다시 스트레스를 키운다. 다소 진부하게 들릴 수 있지만 스트레스받는 대화를 할 때는 우선 심호흡을 하는 것이 좋다. 호흡이 가빠지면 말도 빨라지고, 깊이 생각하지 않은 말을 내뱉기 쉽다. 또한 상대가 내가 얼마나 스트레스를 받고 있는지 눈치채면 공격받기 쉬운 상황에 놓일 수 있다. 스트레스가 커지는 것이 느껴진다면 심호흡을 하고, 의식적으로 천천히 낮은 목소리로 말하자.

긴장되는 대화에 대비하는 차원에서 4-7-8 호흡법을 추천한다. 긴장 완화, 스트레스 관리, 수면 개선에 쓰이는 호흡 기법이다. 순서는 다음과 같다.

- 4초간 숨 들이쉬기
- 7초간 숨 참기
- 입을 살짝 벌리고 8초간 숨 내쉬기

산소를 확보했다면 이제 비상구를 찾을 차례다. 모든 대화에서의 비상구는 곧 출구 전략이다. 모든 상황에서 산소마스크처럼 쓸 수 있는 한두 문장을 미리 준비하자. 이런 문장은 대체로 일반적인 표현이어서 변명하거나 감정적으로 대응하지 않고, 상대를 존중하면서 상황에서 빠져나오고 거리를 두는 데 도움이 된다.

스트레스 상황에서 벗어나기 위해 미리 문장을 준비해 의식적으로 활용할 수 있다면, 대화 중 느끼는 스트레스가 줄고 스스로를 보호할 수 있다는 확신을 갖게 된다. 이는 스트레스 수준을 낮추고 전반적 행복감을 높이는 데 도움이 된다.

이는 건강에 직접적인 도움을 줄 뿐 아니라 긍정적 마음가짐을 갖는 데도 유익하다. 불편한 대화에서 벗어나는 데 의식적으로 집중하면 자신감과 자존감이 강화된다. 무력하거나 속수무책이라 느끼지 않고, 자신의 의사소통과 건강을 스스로 통제할 수 있다고 느끼게 된다. 이는 자기 효능감을 높이고 심리적 안정감을 강화한다.

출구 전략을 쓴다고 해서 불편한 대화나 대면 자체를 회피하라는 뜻은 아니다. 자존감을 지키고 건강을 보호한 뒤, 차분하고 건설적인 환경에서 상황을 되돌아보고 해결할 기회를 갖자는 의미다. 이렇게 하면 감정적이고 충동적인 반응을 막을 수 있다.

다만 출구 전략은 어디까지나 단기적이고 즉각적인 임시방편이다. 산소마스크를 잠시 쓰고 다시 벗는 것과 같다.

앞으로 있을 대화나 상황에 대비해 한두 문장을 준비해 두면 언제든 문제 상황을 벗어나 마음을 가다듬을 시간을 벌 수 있다. 예문은 다음과 같다.

- 피드백 주셔서 감사합니다. 생각해 보고 모레쯤 답변드리겠습니다.
- 우리 둘 다 마음이 편할 때, 산책을 하거나 저녁을 먹으며 이야기해 보자.
- 이건 나에게 중요한 주제야. 그런데 지금은 이 문제에 대해 생각할 여유가 없어. 나중에 얘기할 수 있을까?
- 관련해 추가 정보를 메일로 보내 주시면 다시 검토하겠습니다.

온라인에서 현명하게 소통하는 법 _____

특히 온라인에서는 다음과 같은 상황에서 스트레스를 받는다.

- 비언어적 단서(표정, 몸짓, 시선) 부족으로 인한 오해
- 많은 소식과 즉각 반응 압박으로 인한 자극 과부하
- 인신공격과 무례한 행동
- 허위 정보 유포
- 악플
- 부정적인 댓글 또는 혐오 댓글
- 맥락 부족
- 사이버 괴롭힘
- 다른 사람과의 비교
- 이모지 해석 차이

이처럼 스트레스를 유발하는 온라인 소통에 더 건강하게 대처하려면 어떻게 해야 할까? 이를 위한 체크리스트를 소개한다.

- 침착함을 유지하기: 충동적으로 반응하지 않는다. 먼저 심호흡하고 충분히 생각한 뒤 대응한다.
- 개인적으로 받아들이지 않기: 부정적 댓글은 나보다 작성자가 어떤 사람인지를 더 드러낸다는 점을 인식하고, 비판을 자신과 분리해 본다.
- 비판을 구분하기: 도움이 되는 비판과 분노를 유발하는 악성

댓글을 구별한다. 수용 여부는 내가 결정한다.

- 예의와 객관성을 유지하기: 아무리 부정적인 내용이라도 댓글을 달 때는 객관적이고 상대를 존중하는 태도를 유지한다.
- 경계 설정하기: 의도적으로 도발하거나 불쾌감을 주는 댓글을 무시한다. 부정적인 댓글에 전부 일일이 답글을 달아야 할 의무는 없다.
- 차단하기: 반복적으로 부적절한 행동을 하는 사용자는 차단한다.
- 댓글 삭제 또는 숨기기: 명백히 모욕적이거나 차별적 댓글은 삭제하거나 숨긴다.
- 상황에서 벗어나기: 부담이 과도하게 느껴지면 해당 사이트에서 잠시 떠나 생각을 정리한다.
- 도움 청하기: 친구와 가족 등 신뢰하는 사람에게 상황을 공유해 정서적 지지를 얻고 다른 시각을 가져 본다.

자기 뜻을 분명히 하면서도 상대를 존중하는 데 도움이 되는 방법으로 F.A.S.T. 전략이 있다.[2] 이 전략은 불확실성을 줄여 보다 명확하게 소통하도록 돕는다. 변증법적 행동치료[DBT]에 기반하며, 더 안정적이고 진실한 의사소통을 가능하게 한다.

- 공정함^{Fair}: 자신과 타인 모두에게 공정하게 행동한다. 양쪽 모두를 공평하게 대하려고 노력한다.
- 사과^{Apologies}: 불필요하게, 혹은 지나치게 자주 사과하지 않는다. 자신의 욕구와 한계를 분명히 지킨다.
- 가치관 지키기^{Stick to values}: 자신의 가치관과 원칙을 지킨다. 신념과 어긋나는 행동을 하지 않는다.
- 진솔함^{Truthful}: 솔직하고 진솔하게 소통한다. 목적을 위해 과장하거나 거짓을 말하지 않는다.

14장

"저러니 결혼도
못 하지!"

선을 넘는 험담

　팀원들이 밴의 프레젠테이션을 듣기 위해 줌 화상회의에 모였다. 주제는 마케팅 예산이다. 밴은 슬라이드를 공유하며 차분하고 조리 있게 결론을 설명한다.

　팀원 대부분은 그의 발표를 주의 깊게 듣고 있지만, 화면 한쪽에 채팅 창을 띄워둔 사람도 있다. 이사벨라와 메건, 친한 두 직원이 메신저로 대화 중이다.

　"목소리가 너무 졸려." 이사벨라가 채팅을 보낸다. "거의 잠들 지경이야."

　메건이 킥킥 웃으며 답한다. "저 PPT 디자인 좀 봐. 촌스럽다."

밴의 발표가 이어지는 동안 두 사람의 채팅은 점점 과열된다.

"장담하는데, 저 사람 스프레드시트 하나 여는 데 30분은 걸릴걸?" 이사벨라가 말한다.

"맞아. 그리고 이제 15분 동안 질의응답 하겠지. 아무도 안 물어보는데?" 메건이 맞장구친다.

이사벨라가 덧붙인다. "이 다음에는 또 신문 광고나 페이스북 광고 얘기하고." 메건은 크게 웃는다. "근데 밴이 틱톡을 한다고 생각하니 좀 이상하다."

메건의 비디오가 켜져 있지만 소리는 꺼져 있다. 이사벨라 말고는 아무도 눈치채지 못한 듯하다.

"더는 못 참겠어!" 이사벨라가 채팅을 보낸다.

이어 적는다. "저 사람, 남자로서도 매력 진짜 없지 않아? 저러니 결혼도 못 하지!"

메건이 씩 웃으며 답한다. "예산을 저 사람 말대로 쓰면 남는 게 없겠네."

�§ ✧ ✧ ✧

여기에서 벌어진 일은 많은 사람이 자주 한다고 답한 행동, 바로 험담이다. 한 설문조사에 따르면 응답자의 절반이 정기적으로 험담을 하고, 네 명 중 한 명은 일주일에 여러 번 험담한다고 한다. 특히 험담을 가장 자주 하는 장소는 직장으로 나타났다.[1]

험담과 푸념의 차이 _____

이 장의 주제를 제대로 이해하려면 단어를 정확히 들여다볼 필요가 있다. 혼동하기 쉬운 표현과 개념이 많기 때문이다.

험담은 그 자리에 없는 사람에 대해 부정적으로 이야기하는 것을 뜻한다. 깎아내리고, 조롱하고, 악의적인 말을 하고, 비판하는 식이다.

사람들은 왜 험담을 할까? 타인을 이야기하면서 소속감 욕구가 충족되기 때문이다. 또 관심을 자신에게서 돌리거나, 자신이 더 나은 사람임을 보이려는 목적도 있다. 어떤 이에게 험담은 자존감을 높이려는 수단이 되기도 한다. 남의 잘못을 지적하면서 스스로 강해졌다고 느끼는 것이다(적어도 단기적으로는 그렇다). 인정과 공감을 얻고자 하는 욕구가 충족되기도 한다.

예를 들면 이렇다. "쟤 또 일 안 하려고 하는 거 봤어? 어떻게든 손가락 하나 까딱하지 않으려고 하네."

푸념은 넋두리와 하소연을 말한다. 쌓인 감정을 밖으로 표출해 마음을 덜어내거나 상황을 더 명확히 이해하려는 행위로, 타인에 대한 판단보다 자신의 감정 반응을 정리하는 데 초점이 있다.

예를 들면 이렇다. "나 진짜 말 안 하려고 했는데… 회의가 끝도 없어서 너무 짜증 나. 생산적인 게 하나도 없어!"

험담은 다음과 같은 특성이 있다.

o 부정적인 말: 해당 인물에 대해 주로 깎아내리는 말을 한다.

o 개인 정보: 해당 인물의 생활이나 업무에 관한 은밀한 세부 사항을 공개한다.

o 피해 입히기: 대상의 평판을 손상시킨다.

o 개인적인 이득 취하기: 자신이 더 낫다는 점을 과시해 불안을 감추려 한다.

o 경멸적인 언어: 무례하거나 모욕적인 표현을 사용한다.

o 남의 불행은 나의 행복: 상대의 불행에 대해 기뻐하고 만족감을 드러낸다.

o 배타성: 대개 당사자가 없는 곳에서 이루어진다.

o 반복성: 비슷한 부정적 말이 반복적으로 나온다.

한편 푸념은 전형적으로 다음과 같은 표현으로 나타난다.

- ㅇ 나 이건 꼭 말해야겠어.
- ㅇ 나 요즘 좌절감이 들어, 왜냐하면….
- ㅇ 도대체 왜 항상 이런 일이 생기는 거야….
- ㅇ 도무지 이해가 안 돼, 어떻게 그런 일이….
- ㅇ 더는 못 참겠어, 그런 식으로 계속되는 거….
- ㅇ 너에게 솔직히 말하고 싶어.

푸념은 주로 스트레스를 배출하고 감정을 정리하는 통로다. 초점은 타인이 아니라 자신의 스트레스와 감정이다. 말이 아니라도 운동, 산책, 음악, 창작, 글쓰기로 풀 수 있다. 중요한 점은 험담으로 변질되지 않도록 목적을 분명히 하고 시간도 제한하는 것이다.

너와 나 모두를 해치는 험담 _____

푸념은 자기 성찰과 해결책에 초점을 두기 때문에 정서적 균형에 도움이 되는 소중한 수단이 될 수 있다. 반대로 험담은 이

득이 되는 점이 없다.

험담은 공동체의 신뢰와 성실성을 훼손해 대인관계를 해친다. 험담의 대상이 된 사람은 자존감과 자신감을 잃기 쉽고, 자신에 대한 이야기를 알게 되면 수치심, 상처, 고립감을 느낀다. 이는 갈등과 분쟁으로 이어져 사회적 구조를 취약하게 만든다. 개인 차원에서도 험담은 도덕적 감각을 무디게 하고 불신 문화를 조장한다. 또한 자주 남을 헐뜯는 사람은 타인의 신뢰를 얻지 못한다.

여러 연구에 따르면, 남을 험담하는 사람은 성별과 무관하게 호감도가 낮게 평가된다. 이들은 타인에게 중요한 사람으로도 인식되지 않는다. 반대로 타인에 대해 긍정적으로 말하는 사람은 매우 호감 있게 여겨진다.[2]

험담은 가담자들의 자존감과 정신 건강을 해칠 뿐 아니라, 괴롭힘을 조장하는 분위기를 만들기 쉽다. 악의 없는 말에서 시작해 공격적 발언으로 수위가 올라가면서, 어디까지가 험담인지 경계가 흐려지곤 한다. 사소한 친밀한 대화에서 출발해 심각한 괴롭힘으로 번질 수 있다. 험담과 집단 괴롭힘은 종이 한 장 차이여서, 말로 하던 비난이 순식간에 물리적 괴롭힘으로 바뀔 수 있다.

독일에서는 약 백만 명의 근로자가 집단 괴롭힘의 피해를 겪는 것으로 추정된다.[3] 집단 괴롭힘은 심리적 폭력의 한 형태로 피해자에게 치명적 영향을 미치며, 장기적인 건강 문제를 유발할 수 있다.

여러 연구를 종합한 메타분석이 집단 괴롭힘의 단기, 장기 결과를 보여 준다. 피해자는 우울증, 불안장애, 수면장애, 중독, 대인공포, 자살행위, 충동, 외상 후 스트레스 장애를 훨씬 더 자주 겪는다.[4] 많은 종단 연구에서도 어린 시절 당한 집단 괴롭힘이 청소년기와 성인기 정신 건강에까지 부정적 영향을 미칠 수 있음을 확인했다.[5]

가해자 또한 건강과 심리사회적 측면에서 부정적 영향을 받는다.[6] 중독장애 위험이 크고, 장기적 관계를 맺기 어렵다. 자살 위험도 약 20% 증가한다.[7]

뒷담화를 즐겨한다면 당장 멈춰라 _____

그렇다면 본인이 험담의 가해자가 되었을 때 무엇을 할 수 있을까? 가장 중요한 조치는 험담을 줄이고 스스로를 돌아보는 일이다. 최선은 아예 헐뜯고 비방하는 행동을 하지 않는 것이다.

앞으로는 험담에 개입하지 말라. 누군가에게 거슬리는 점이 있다면 그 사람에 대해 뒷담화하지 말고 직접 이야기하라. 물론 말처럼 쉽지 않다. 이를 위한 몇 가지 팁을 소개한다.

주변 사람들이 자주 험담을 즐겨 한다면 대화 주제를 긍정적인 것으로 바꾸거나 험담과 분명하게 거리를 두자. 이러한 상황에서는 다음과 같이 말해 볼 것을 권한다. "저는 부정적인 이야기는 하고 싶지 않아요." "저는 그 사람과 직접 이야기할게요."

이런 말이 너무 직설적으로 느껴진다면, 자신의 감정을 중심으로 말하는 것도 좋다. "지금 자리에 없는 사람 이야기를 듣는 게 불편해요."와 같이 표현할 수 있다. 남에 대해 나쁘게 말해 봤자 자신에게도 득 될 게 없다. '험담의 악순환'을 끊어야 한다. 험담은 함께할 사람이 없으면 금세 힘을 잃는다.

또, 다른 사람들이 나를 어떻게 대해 주길 바라는지 생각해 보고, 나도 그렇게 타인을 대하자. 나는 타인과 어떤 방식으로 관계를 맺고 싶은가? 개인적인 자리든 직장이든, 나의 행동이 다른 사람에게 본보기가 되도록 노력하자.

자신에게 험담하는 경향이 자주 보인다면 다음 질문에 답해 본다.

- 나는 어떤 상황에서 주로 험담을 하는가?
- 내가 지금 하는 말은 험담인가, 푸념인가?

- 내 행동 뒤에는 어떤 동기와 욕구가 숨겨져 있는가?
- 이 욕구를 다른 방식으로 충족할 수 있을까?
- 누군가 나에 대해 험담한다면 나는 어떤 기분일까?
- 나의 분노나 좌절 뒤에는 어떤 문제가 있는가?
- 문제 해결을 위해 나는 어떤 노력을 했는가?

어떤 사람들은 남을 험담하기보다 푸념으로 쌓인 감정을 해소하는 것을 더 좋아한다. 만약 여러분도 그렇다면, 무엇이 자신에게 가장 큰 스트레스인지, 그리고 그 스트레스를 어떻게 해소하는 것이 좋은지 생각해 보자.

푸념은 순식간에 험담으로 바뀔 수 있다. 남을 험담하면 당장은 기분이 나아질지 몰라도, 장기적으로는 건강을 해친다. 험담은 저녁에 마시는 와인과 비슷하다. 가끔 한 잔은 맛도 있고 기분 전환에 도움이 되지만, 장기간 계속되면 건강에 해로울 뿐아니라 진짜 문제를 해결하지도 못한다.

주변 사람들이 험담하는 모습을 볼 때는 자신에게 다음과 같은 질문을 던져 보는 것이 좋다.

- 사람들이 험담할 때 나는 어떤 감정을 느끼는가?
- 험담하는 사람들을 보면 어떤 생각이 드는가?

- 험담이 나에게, 그리고 험담하는 사람들과의 관계에 어떤 영향을 미치는가?
- 분위기를 긍정적으로 바꾸기 위해 내가 할 수 있는 일은 무엇인가?
- 누가 험담 내용을 퍼뜨리고 있는가?
- 험담 뒤에 숨겨진 진짜 동기는 무엇인가?
- 험담의 출처는 어디인가?
- 그 내용이 사실일 가능성이 있는가?
- 신뢰할 만한 근거가 있는가?

내 행동만으로 주변 분위기를 긍정적으로 바꾸기 어려울 때가 있다. 이럴 때는 자신을 돌보는 것이 더욱 중요하다. 주변이 부정적 분위기에 잘 휩싸이거나 험담을 자주 한다면, 나에게 좋은 영향을 주는 사람들과 의식적으로 시간을 보내고, 건강한 균형을 찾고 활력을 채워 주는 의식을 만들어 보자. 예를 들어 퇴근 후 나만의 루틴을 갖는 방법이 있다.

15장

"확실하지는 않는데
아마…"

**자신감 없는
표현**

"저기, 혹시… 아주 빠르게 질문 하나만 해도 될까요?" 율리아가 회의 중 머뭇거리며 말한다. 사람들 앞에서 이야기하는 일은 그녀에게 큰 용기가 필요하다. 그녀는 자신에게 시선이 집중되는 걸 좋아하지 않으며, 조용히 있는 편이 훨씬 편하다.

다만 지난번 면담에서 상사가 더 적극적으로 의견을 내고 아이디어를 공유해 보라며 격려했다. 지금 그녀는 그 조언을 따르려 애쓰는 중이다. 현재 다니는 직장은 그녀에게 중요하고, 팀도 마음에 든다. 사실 어릴 때부터 늘 그랬다. 학창 시절에도 선생님들이 더 자주 발표해 보라고 권하곤 했다.

율리아는 다시 한번 깊게 숨을 들이쉬고 말한다. "그냥 잠깐 여쭤보고 싶은 게 있는데요. 혹시 과제를 처음부터 나눠 맡으면 어떨까 해서요. 그러면 각자 어떤 일을 할지가 분명해질 것 같거든요. 그냥 그런 생각이 들었어요. 물론 꼭 그렇게 할 필요는 없지만요." 그녀는 긴장해 물을 한 모금 마신다.

"오, 좋아요!" 같은 부서의 닐스가 반색한다. 다른 사람들도 고개를 끄덕이며 동의한다.

"율리아, 그쪽 부서에 아직 어떤 과제가 남아 있어요?" 상사가 묻는다.

"음… 아마 다른 부서와 일정을 조율하는 일만 남은 것 같아요. 필요하다면 제가 그걸 맡을 수도 있을 듯해요. 괜찮을 거 같아요." 율리아는 긴장한 목소리로 말하고 곧바로 후회한다. 사실 지금 맡은 일만 해도 이미 벅차기 때문이다.

'아, 왜 또 나서서 일을 맡겠다고 했을까! 난 정말 멍청해…' 그녀는 속으로 자책한다. 상사는 율리아의 제안을 흔쾌히 받아들인다.

회의가 끝나자 율리아는 기진맥진한 모습으로 자리를 뜬다. 이런 회의는 매번 그녀에게 고역이다. 말을 하면 할수록 상황이 더 곤란해지는 것 같고, 회의가 끝나면 더 많은 일을 떠안기 일쑤다. 불만과 피로가 뒤섞인 채, 율리아는 의자에 털썩 주저앉는다.

✤ ✤ ✤ ✤

율리아는 여러 사람과 함께하는 자리에 있으면 마음이 불안하고 불편하다. 성격도 내향적인 편이다. 내향적인 사람은 주로 혼자 있거나 소수와 교류하며 에너지를 얻는 반면, 외향적인 사람은 많은 사람과 활발히 어울릴 때 더 편안함을 느낀다.

다만 원하는 것을 표현할 때 유독 불안을 느끼는 것은 내향성이나 외향성과는 별개의 특성일 수 있다. 불안을 느끼는 내향인이 있는가 하면, 자신감과 자존감이 강한 내향인도 있다. 마찬가지로 외향적인 사람도 충분히 불안을 느낄 수 있다.

악순환을 만드는 불확실한 표현들 _____

흥미로운 점은, 불안이 있는 사람에게 다른 사람과의 대화, 특히 집단 속 대화가 고역처럼 느껴지기 쉽다는 것이다.

사람은 불안한 상황에서 위축되고 조심스러워지며, 자신의 생각과 감정을 공개적으로 드러내는 것을 피하려 한다. 이런 불안정한 의사소통은 결국 타인으로부터 부정적 반응을 불러오거나, 본인이 원하는 결과를 이끌어내지 못하게 만든다. 메시지가 오해를 낳거나, 자신의 요구를 효과적으로 전달하기 어려워지는 식이다. 이러한 부정적 경험은 불안을 증폭시키고 자신감을 떨어뜨려 악순환으로 이어진다.

자기 가치를 떨어뜨리는 전형적인 '불확실한 표현'에는 다음과 같은 것들이 있다.

- 마음에 안 든다면 네가 말한 방법도 괜찮아.
- 제가 틀릴 수도 있는데….
- 그냥 내 생각일 뿐이야.
- 조금 바보 같지만 질문 하나 할게.
- 방해가 되었다면 미안해.

자신감이 결핍된 의사소통 방식의 특성을 정리하면 다음과 같다.

- 이유 없는 잦은 사과
- 자신의 의견을 표현하지 않음
- 말수가 점점 줄어듦
- 자신의 욕구를 무시함
- 잦은 회피 행동

- '아니요'보다 '예'라고 말하는 경향
- 자신의 경계를 설정하지 못함
- 애매하고 불분명한 표현
- 눈높이에 맞는 의사소통 부족
- 계속 변명하거나 자신을 정당화함

우리는 스스로를 낮추는 말로 자존감을 깎아내리곤 한다. 이런 의사소통 방식은 불안을 키우고, 그 결과 자기 효능감까지 약화시킨다. 자기 효능감이란 내가 특정 행동을 통해 삶에 영향을 미치는 결과를 만들어낼 수 있다고 스스로를 믿는 힘을 뜻한다. 이 믿음이 약해지면 자신을 외부 환경의 피해자로 여기기 쉽다. 자신이 어떤 상황에서도 영향력을 가질 수 없다고 판단하며, 이는 불안한 소통과 불확실한 감정을 더욱 심화시킨다.

사람들이 불안을 느끼는 이유는 여러 가지다. 대표적으로 대인관계, 학교, 직장 등에서 겪은 과거의 부정적 경험이 있다. 비판이나 거절, 실패 경험 등이다. 또한 기대치가 불분명하거나 충분한 도움을 받지 못하는 상황, 중요한 사람으로부터 인정을 받지 못하는 경험 역시 불안을 높인다.

완벽주의 성향이나 인정을 강하게 추구하는 성향 같은 개인적 특성도 문제가 된다. 타인의 기대를 반드시 충족해야 하고 실수하면 안 된다는 압박이 가중되어 불안을 유발할 수 있다. 낯선 상황이나 난관에 부딪힐 때 자신의 능력과 결과에 대해 불안해지는 것도 자연스럽다. 더불어 불안장애나 우울증 같은 심리적 요인은 자신감을 떨어뜨리고 부정적 사고 패턴을 강화해 불안을 악화시킨다.

한 연구에서 내향적인 사람과 외향적인 사람을 대상으로 혈액 검사를 실시했다. 그 결과, 외향적인 사람들의 면역 체계가 내향적인 사람들보다 더 강한 것으로 나타났다. 또한 외향적인 사람은 천식, 과민성 대장 증후군, 셀리악 병Celiac Disease 등의 질병에 덜 걸리는 경향을 보였다. 셀리악병은 글루텐을 먹으면 면역계가 소장을 공격해, 영양분 흡수가 잘 안 되게 만드는 자가면역 질환이다. 염증 수치 역시 내향적인 사람들에게서 약간 더 높게 측정됐다.[1]

이러한 결과를 바탕으로, 내향적인 사람들이 일상에서 스트레스와 압박, 긴장을 더 많이 경험한다고 추정해 볼 수 있다. 우리의 일상환경은 대체로 외향적인 사람에게 더 잘 맞춰져 있어, 내향적인 사람은 스스로 의식하지 못하더라도 이런 환경에서 비교적 쉽게 스트레스를 받을 수 있다.

바른 자세가 바른 내면을 만든다 _____

자신감 있는 소통은 내면에서 시작된다. 우리가 자신을 더 사랑하고 존중할수록 자신에 대한 믿음이 커진다. 연구에 따르면 마음챙김을 실천하는 사람들은 자신을 보다 현실적으로 평가하고, 자신감이 높으며, 행복감도 더 크게 느낀다.[2] 특히 자기 자신에 대한 올바른 평가는 자신감 있는 소통을 가능하게 하는 핵심 요소다.

자신감이 부족한 사람은 자신을 실제보다 낮게 평가하는 경향이 있다. 자신과의 관계를 건강하게 맺으면 본인의 강점과 약점을 명확히 알게 되고, 그만큼 더 분명하고 효과적인 소통이 가능해진다. 약점을 알고 받아들이기 시작할 때 비로소 자신감 있는 의사소통을 할 수 있다. 마음챙김은 스트레스 상황에 더 잘 대처하는 데도 도움을 주며, 이를 통해 자신감 있는 소통으로 이어질 수 있다.

우리 몸의 자세 역시 자신감 형성에 유익하다. 똑바로 앉거나 서는 자세를 유지하고, 상대의 눈을 바라보려 노력해 보자. 약 1만 명이 참여한 130편의 연구를 평가한 한 메타분석에 따르면 바른 자세와 긍정적 자기 인식 사이에는 유의미한 상관관계가 있었다. 바른 자세는 참가자의 행동에도 긍정적 영향을 미쳤다.[3]

옷차림도 자신감을 북돋우고 보다 당당한 소통을 돕는다. 편안하면서도 스스로 자신감이 느껴지는 옷을 선택해 보자.

연구에 따르면 스포츠와 같은 신체 활동은 자존감을 높이는 데 도움이 된다.[4] 또한 스포츠는 자세를 변화시켜 기분에도 영향을 미친다. 그 외에도 스트레스 감소에 도움이 되며, 몸의 균형을 돕고 편안함을 느끼게 한다. 이러한 효과는 원활한 의사소통으로 이어진다.

모호함보다 분명함을 기르는 소통법 _____

자신감 있는 소통을 위한 간단한 체크리스트를 소개한다. 자신감 있는 소통은 다음과 같은 특징으로 나타난다.

- 똑바른 자세
- 차분한 호흡
- 적절히 틈을 주며 말하기
- 주의 깊게 듣기
- 눈 맞추기
- 적극적인 표현 사용하기('너의 피드백을 기대할게.')

- 수동적인 표현 피하기
- 자신에게 생각할 시간을 주기('생각해 볼게.')
- 칭찬 받아들이기
- 불필요한 사과 줄이기
- 완곡한 표현 줄이기(아마도, 조금, 사실은)
- '~텐데' 등의 표현 줄이기(~했을 텐데, ~할 수 있었을 텐데, ~였을 텐데)
- 경계 설정하기('이 부분에서 날 떠올려 줘서 고마워. 하지만 이번 달에는 정말 여유가 없어.')
- 열린 질문 하기

이런 특징들을 활용하여 자신감을 기르고 자신 있는 소통을 연습할 수 있다. 처음에는 한두 가지 특징을 선택하여 일상생활에서 실천하고, 그 과정에서 자신의 모습을 관찰하고 반성해 본다. 자주 연습할수록 자신감이 더 많이 생길 것이다.

- 1단계: 특징 한두 개 선택하기
- 2단계: 일상을 관찰하고 자각하기, 지금 나는 얼마나 잘하고 있는가?
- 3단계: 일상을 변화시켜 보기

- 4단계: 반성하기, 나에게서 어떤 변화가 관찰되는가?
- 5단계: 지속하기

이 다섯 단계를 모두 성공적으로 완료했다면 새로운 특징을 선택할 수 있다. 중요한 것은 자신에게 잘 어울린다고 생각하는 부분만 변화시켜야 한다는 점이다.

다음은 자신감 있는 소통에서 사용되는 몇 가지 표현들이다.

- 그거에 대해 질문이 하나 있어요.
- 이 부분은 아직 명확하게 이해가 안 돼요.
- 제가 제대로 이해한 게 맞을까요.
- 제가 좋아서 한 일이에요.
- 관련 정보를 더 찾아봐야겠어요.
- 이건 제가 잘 아는 분야가 아니에요. 그래서 이런 아이디어를 생각했어요.
- 이 부분에 대해 생각해 보고 내일 다시 말씀드릴게요.
- 이 문제와 관련해서 좀 더 말씀드리고 싶은 게 있어요.
- 기다려 줘서 고마워요.
- 이 부분에 대해 좀 더 자세한 정보가 필요해요.

'어떻게' 또는 '무엇'이라는 단어를 사용하는 것도 좋다. 이를 테면 "제 발표가 마음에 들었는지 여쭤보고 싶었어요."라고 말하는 대신 "제 발표를 어떻게 생각하시는지 여쭤보고 싶었어요." 또는 "제 발표에서 무엇이 마음에 드셨는지 여쭤보고 싶었어요."라고 말하는 것이다. 첫 번째 문장은 내 발표가 정말로 상대의 마음에 들었는지 자체를 의심하는 뉘앙스를 풍긴다. 반면 두 번째 문장은 보다 중립적이며, 세 번째 문장은 긍정적인 반응을 끌어내는 쪽으로 향해 있다.

다음과 같은 말들은 편하게 바꾸거나 아예 생략해도 좋다.

× : 내가 말이 많아서 미안해.

○ : 내 말을 들어줘서 고마워.

설명: 사과는 정말 필요한 경우에만 한다. 다른 모든 경우에는 '미안해' 대신 '고마워'라고 말할 수 있다.

× : 바보 같은 질문일 수 있는데요.

○ : 질문이 하나 있어요.

설명: 자신을 평가하는 표현은 하지 않는 게 좋다.

× : 저는 그저 기간제일 뿐이에요.

○ : 저는 기간제로 일해요.

설명: '그저'라는 단어는 대부분의 경우에 생략해도 괜찮다. 이 단어는 자신을 낮추어 말하는 뉘앙스를 풍긴다.

× : 그와 관련해서 질문 하나 해도 될까요?

○ : 아직 이 부분이 이해가 잘 안 되는데요, 그러니까….

설명: 많은 경우 질문을 할 때 허락을 구하는 표현이 자주 사용된다. 그러면 불필요한 위계 구조가 생길 수 있다.

× : 혹시 월요일로 일정을 옮기는 게 어떨까 생각해 봤어요.

○ : 월요일로 옮기는 게 좋을 것 같아요.

설명: '아마', '혹시' 같은 불확실한 표현과 '~텐데' 같은 표현을 줄인다.

7-2-1 규칙 _____

7-2-1 규칙은 자신감을 조금씩 키워나가기 위한 개인 훈련 프로그램이다.

일주일 7일 동안 매일 자랑스러운 일을 적어도 한 가지 이상

적어 본다. 이때 자랑스러운 일은 큰 사건이나 성공이 아니라 일상에서 쉽게 간과하는 사소한 것을 뜻한다.

일주일에 2일은 자신을 위해 좋은 일을 한다. 산책이나 호흡 운동, 좋아하는 노래 듣기, 맛있는 차 마시기, 마스크팩 하기 같은 사소한 일이어도 좋다.

일주일에 1일은 자신에게 조금 도전이 되는 일을 한다. 이를테면 사소한 일이라도 거절하기나 의견 표현하기, 도움 요청하기 등을 실천한다.

또한 자신과 나누는 다정한 대화와 자신감을 심어 주는 문구도 자신감 향상에 도움이 될 수 있다.

o 나는 내 안에서 점점 더 큰 안정감을 느끼고 있어.

o 나는 나 자신을 신뢰함으로써 삶을 더 쉽게 만들어 가고 있어.

o 내 의견을 말하는 일이 조금씩 쉬워지고 있어.

o 내가 하고 싶은 말로 오늘 하루를 시작할 거야.

o 나는 점점 더 자신감이 생기고 있어.

o 오늘부터 나는 내가 나의 걸림돌이 되는 일을 그만둘 거야.

o 나를 존중하는 마음으로 나에 대한 부정적인 믿음을 내려놓을 거야.

자신감을 키우고 자신 있게 소통하려면 다양한 측면에서 스스로를 단단하게 만들기 위해 노력해야 한다. 자신감은 배워서 습득할 수 있고 변화할 수 있다는 사실을 명심하자. 자기 성찰과 마음챙김은 자신의 강점과 약점을 인식하고 스스로를 더 잘 평가하기에 좋은 출발점이다. 자신과 긍정적으로 대화하고 과도한 자기비판을 피하는 것도 건강한 자아상을 형성해 자신감을 높이는 데 도움이 된다.

역량과 자신감을 높이기 위해 새로운 기술을 배우거나 자신 없는 분야에 도전하는 것도 좋다. 자신이 처한 환경 역시 자신감에 큰 영향을 미치므로, 자신을 지지하는 사람들과 지내며 부정적인 영향을 최소화한다. 우리를 격려하고 지지하는 사람과 함께할 때 더 자신감 있게 소통할 수 있기 때문이다.

매일 작은 목표를 세워 실천하며 자신감을 키워 가자. 그리고 단순히 한두 마디라도 건강한 말을 주고받는 것만으로도 큰 도움이 될 수 있다는 사실을 잊지 말자.

16장

"에이, 그냥 긍정적으로
생각해!"

**독이 되는
긍정**

　카를로스와 톰은 오랫동안 알고 지낸 절친한 친구지만 서로 달라도 너무 다르다. 카를로스는 금융업계에서 성공한 기업가이고, 톰은 마케팅 분야에서 일하고 있다. 학창 시절부터 그랬지만 톰은 숫자와는 거리가 아주 먼 사람이다.

　둘 다 많이 바쁘지만 최대한 주기적으로 만나려 노력한다. 그날 저녁도 예외는 아니었다. 두 사람은 단골 레스토랑에서 와인 한잔을 마시기로 했다.

　환하게 인사하고 음식 주문을 한 뒤 서로의 근황을 나눈다. "요즘 에이전시는 좀 어때?" 카를로스가 묻는다.

톰이 한숨을 쉬며 말한다. "아휴, 잘 모르겠어. 시간에 쫓기다 보니 인풋이 없는 느낌이야. 맨날 뭐에 계속 쫓기면서 일만 하는 것 같아."

카를로스가 웃으며 대답한다. "그게 직장인이지! 당연한 거야. 최대한 긍정적으로 생각하고 천천히 해나가면 될 거야! 어쨌든 뭔가 이루고 싶은 거잖아. 세상에 공짜는 없어."

톰은 카를로스의 말을 곰곰이 생각해 본다. 틀린 말 같지는 않다. "응, 그렇긴 하지?" 톰은 약간 자신 없는 말투로 대답한다. "그래도 업무 때문에 스트레스를 너무 받아."

톰이 말을 마치기도 전에 카를로스가 끼어든다. "그래. 곧 좋은 날도 오겠지. 나도 매일매일 힘들어. 그래도 최선을 다할 수밖에. 그러니 너무 스트레스받지 마."

톰은 이 대화가 그다지 도움이 되지 않는다고 느낀다. 그래서 자연스럽게 화제를 돌려 보려 한다.

"너는 요즘 어때, 카를로스?"

카를로스는 피곤해 보이지만 활짝 웃으며 말한다.

"나? 완전 잘 지내지! 할 일이 많긴 한데, 뭐 버틸 만해?" 카를로스는 가벼운 말투로 잇는다. "결국 무슨 일이든 마음가짐이 중요한 것 같아. 우리 회사 인턴들이 나한테 와서 힘들다고 해도 똑같이 말해. 끝까지 계속 나아가라고 말이야."

톰은 뭐라고 대답해야 할지 도통 감이 잡히지 않는다.

✨ ✨ ✨ ✨

어떤 것이든 과하면 독이 된다. 긍정적인 사고도 마찬가지다. 이 이야기에서는 과도한 긍정이 문제다. 이를 독성 긍정^{Toxic Positivity}이라고도 부른다.

모든 것이 잘 풀린다는 환상 _____

독성 긍정은 매우 극단적인 형태의 긍정적 사고다. 슬픔, 분노, 불안 같은 불편한 감정을 정상적인 신호로 보지 않고, "괜찮아", "긍정적으로 생각해", "마음먹기에 달렸어" 같은 말로 덮어 버리는 것이다. 부정적인 감정과 생각을 억누르거나 아예 허용조차 하지 않는다. 이런 방식의 소통은 장기적으로 말하는 사람이나 듣는 사람 모두에게 매우 해롭다.

'그냥 긍정적으로 생각해!' 또는 '힘내!'와 같은 조언과 위로는 대체로 좋은 의도에서 비롯된 말이다. 하지만 좋은 의도가 항상 좋은 결과를 가져오는 것은 아니다. 누군가 실패한 상황에서 "그래도 이번 일로 배운 게 있잖아. 다음으로 넘어가자."라는 말만 반복하거나, 번아웃에 빠져 힘들어할 때 긍정만 강요하며 "감사 일기를 써 보면 어때?"라고 조언한다면 좋은 대화라 할 수 없다.

소셜 미디어를 보다 보면 행복이 오로지 마음먹기에 달린 문제처럼 느껴진다. 하지만 현실은 그렇게 간단하지 않다. 마음가짐이 중요한 역할을 하는 것은 맞지만, 긍정만으로 건강하고 행복해지기엔 충분하지 않다. 어떤 사람들은 어려운 상황에서도 가능성을 찾아야 하고 더 강하게 이겨내야 한다는 압박까지 느낀다.

중요한 것은 균형이다. 많은 연구가 보여 주듯 긍정적 사고와 낙관주의는 기본적으로 유익하다. 그러나 낙관이 강박적 긍정으로 흐르면 독성 긍정이 된다. 모든 것이 마음먹기에만 달린 것은 아니기 때문에, 독성 긍정은 부정적 감정을 억압해 오히려 문제를 일으킨다.

부정적인 감정이 설 자리를 찾지 못하면 갑자기 사라지는 것이 아니라 오히려 더 강해진다.[1] 2012년 독일의 예나 대학교 연구진은 감정 억압과 신체 질환 사이에 연관성이 있음을 발견했다.[2] 불쾌한 감정과 생각을 끊임없이 억누르고 무시하는 사람은 만성 고혈압에 걸릴 확률이 훨씬 높으며, 이는 심각한 후유증을 일으킬 수 있다.

긍정적으로 생각하라는 말을 계속 듣다 보면 슬픔, 두려움, 분노, 좌절 같은 부정적 감정을 숨겨야 할 것처럼 느낄 수 있다. 그 결과 자신의 진짜 감정을 부정하게 되고, 장기적으로는 자신감이 떨어지고 스스로를 진솔하게 드러내지 못한다.

독성 긍정은 실제 문제에 접근해 해결책을 찾기보다 문제를 외면하게 만들 수 있다. 끊임없이 '긍정적인' 측면만 찾다 보면 문제의 심각성을 경시하고, 도움을 구하거나 변화를 시도하지 못한다. 이런 점에서 부정적 감정과 싸우는 것은 결국 자신과 싸우는 것일 뿐이다. 또한 독성 긍정은 자신이 '충분히 긍정적이지 않다'거나 부정적 감정이 '부적절하다'고 여기게 만들어 죄책감을 유발한다. 그 결과 죄책감과 자기비판이 악순환으로 이어진다.

장기적으로 독성 긍정은 감정을 자연스럽게 조절하는 과정을 방해하고, 건강한 극복 기제를 발달시키지 못하게 해 정신 건강을 해친다. 이로 인해 우울증, 불안 장애 등 정신 질환의 위험이 증가한다.

전반적으로 독성 긍정은 삶에서의 감정과 어려움을 건강하게 처리하는 데 걸림돌이 된다. 긍정적 감정과 부정적 감정 사이에서 균형을 찾고, 자신의 진솔한 모습을 수용하며 감정을 솔직히 드러내는 것이 중요하다. 사람마다 공감과 관계 형성에 대한 욕구는 다르다. 앞의 예에서 카를로스가 친구의 스트레스받는 상황을 더 이해해 주었다면 톰은 더 나았을 것이다.

어떤 사람은 자신의 감정이 더 공감받기를 원하고, 또 어떤 사람은 동기를 부여하는 긍정적 말을 원한다. 누군가에게는 독성 긍정으로 들릴 말이 또 다른 누군가에게는 격려와 응원으로 받아들여질 수 있다. 어느 경우든 중요한 것은 부정적 감정과 생각을 지속해서 억누르지 않는 것이다.

부정적인 감정 받아들이기 _____

어느 정도의 낙관은 중요하고 건강하지만, 끊임없이 강박적으로 낙관을 밀어붙이면 오히려 해가 될 수 있다. 반대로 부정적인 감정과 생각을 말하는 일도 필요하지만, 거기서 빠져나오는 방법을 찾는 일 역시 매우 중요하다. 장기적으로 보면 과도한 자기 연민이나 동정은 건강하지 않다. 결국 각자에게 맞는 균형과 적정선을 스스로 찾아야 한다.

부정적인 감정을 남기고 스트레스를 주는 대화를 즉시 끝내거나 대수롭지 않게 넘기려는 자신을 발견한다면, 그 충동이 어디에서 비롯되는지 살펴보는 것이 좋다. 어떤 사람들은 슬퍼하는 이를 보면 곧바로 웃게 만들려 하는 경향이 있다. 이는 어린 시절에 학습된 반응이거나 조화를 중시하고 갈등을 피하는 성향과 관련된 경우가 많다. 특히 주변 사람들의 기분을 다시 좋게 만들어야 한다는 책임감을 느낄수록 이런 경향이 더 뚜렷해질 수 있다.

부정적인 감정에 대처하기 위해 자기 성찰을 할 때 던지면 좋은 질문은 다음과 같다.

- 누군가가 기분이 좋지 않을 때 나는 어떤 감정을 느끼는가?
- 그런 상황을 나는 어떻게 알아차리는가?
- 그 상황에서 무엇이 나에게 가장 큰 스트레스를 주는가?
- 타인의 부정적인 감정에 어떻게 대처해야 한다고 생각하는가? 이에 대해 내가 가진 신념이나 생각은 무엇인가?
- 다른 사람이 부정적인 감정을 보일 때, 나의 반응은 나 자신의 감정을 대하는 방식이나 감정적 한계를 얼마나 반영하는가?
- 다른 사람의 부정적인 감정을 축소하거나 억누르지 않고 대할 수 있는 방법에는 무엇이 있는가?

또 다른 중요한 조치는 자신의 감정을 허용하는 일이다. 지금 나는 정말 어떤 기분인가? 이는 세상 모든 사람에게 가장 사적인 비밀과 생각을 드러내라는 뜻이 아니라, 무엇보다 자신을 돌보고 스스로와 소통하는 것이 중요하다는 의미다. 어떤 이들은 친구나 연인, 배우자와 솔직하게 이야기하며 도움을 받기도 한다. 물론 이런 대화에서는 모든 감정을 허용하되 독성 긍정을 보이지 않는 것이 중요하다.

일기를 쓰는 것도 좋은 방법이다. 매일 자기 생각과 감정, 자신이 경험하고 관찰한 내용을 규칙적으로 기록하는 것이다. 이 방법을 사용하면 자신을 더 잘 이해하고 생각을 정리하며, 상황을 명확히 파악하고 스트레스를 줄일 수 있다.

일기를 쓸 때 다음 질문들을 활용해 볼 수 있다. 질문은 날마다 달라질 수 있다.

- 오늘 내 하루는 어땠는가?
- 지금 내 기분은 어떤가?
- 오늘 나를 행복하게 해 준 것은 무엇인가?
- 오늘 나는 어떤 도전과 장애물에 직면했으며 이에 어떻게 대처했는가?
- 지금 나는 어떤 생각에 가장 많이 사로잡혀 있는가?

- 오늘 나는 무엇을 배웠는가?
- 오늘 나는 무엇에 감사하는가?
- 오늘 나에게 특히 도움이 되었던 습관이나 행동은 무엇이며, 덜 유익했던 것은 무엇인가?
- 나의 장기적인 목표는 무엇이며, 이를 달성하기 위해 오늘 나는 무엇을 할 수 있는가?
- 내 인생에서 특히 중요한 관계는 무엇이며, 이를 어떻게 강화할 수 있는가?
- 오늘/이번 주에 나 자신을 위해 어떤 좋은 일을 할 수 있는가?

나 자신을 받아들이기 _____

어쩌면 여러분은 '항상 잘 지내야 한다', '남에게 짐이 되면 안 된다'는 심적 부담을 느끼고 있을지 모른다. '늘 잘해야 한다'는 생각에 사로잡혀 있을 수도 있다. 어떤 이들에게는 자신을 향한 이런 독성 긍정이 일종의 '생존 전략'이 되기도 한다. 만약 여러분도 그렇다면 이를 면밀히 살펴보고, 필요하다면 전문가의 도움을 받는 것이 좋다. 자신의 감정을 솔직히 마주하는 일은 건강과 인간관계에 중요하기 때문이다. 어떤 감정이든 허용되고 괜찮으며, 중요하다.

또한 주변 사람들에게 굳이 대단한 조언이나 팁을 줄 필요는 없다. 그들의 말을 귀 기울여 듣고 공감하려고 노력하는 것만으로도 충분하다. 진심으로 이해받는다는 느낌만으로도 큰 위로가 된다. 문제와 어려움을 함께 이야기하는 것만으로도, 당장 해결책을 찾지 않아도 마음의 짐이 덜어지고 큰 힘이 될 수 있다. 이런 대화를 할 때는 말을 신중히 고르고, "너무 신경 쓰지 마", "별일 아니야", "긍정적으로 생각해" 같은 표현은 피하는 것이 좋다.

자신과 상대의 감정을 있는 그대로 받아들이는 연습을 하자. 동시에 자신에 대한 공감도 키워야 한다. 자기 공감이란 특히 힘든 시기에 자신을 사랑하고 깊이 이해하는 능력이다. 자신을 깎아내리지 말고 결점과 불완전함을 받아들인다. 이러한 능력은 긍정적인 자기 대화, 자기 관리, 공감 연습을 통해 길러질 수 있다.

독성 긍정을 피하면서 진솔하고 깊이 있는 대화를 돕는 몇 가지 팁이다.

◦ 자신부터 진정성 있게 행동하려고 노력한다.
◦ 주의 깊게 경청하는 연습을 한다.

- 판단과 평가를 하지 않으려고 노력한다.
- 상대가 원치 않는 팁이나 조언을 자제한다.
- 필요한 경우에만 자신의 경험을 들려준다.
- 열린 질문을 한다.

구체적으로 이런 질문을 던질 수도 있다.

- 그 일에 대한 네 기분은 어때?
- 이번 경험을 통해 뭘 배운 것 같아?
- 이제 어떻게 했으면 좋겠어?

다른 사람이 나에게 독성 긍정의 말을 건넬 때 다음의 몇 가지 건강한 문구를 사용해 보기를 추천한다. 항상 그렇듯이 자신에게 잘 맞는 말을 선택하도록 한다.

- 긍정적으로 말해 줘서 고맙긴 한데, 지금은 그런 조언이 좀 부담스럽기도 해. 나는 그냥 네가 내 말을 잘 들어줬으면 좋겠어.
- 나에게 용기를 주려는 마음은 이해하지만, 지금은 (단순히) 긍정적으로 생각할 수 없는 것 같아….

- 나는 지금 내 감정을 있는 그대로 인정받고 싶어.
- 나를 도와주려는 마음은 정말 고마워. 하지만 지금 나한테는 내 말을 잘 들어줄 사람이 더 필요해.
- 네가 날 위하는 마음에 그러는 건 알지만, 내 걱정을 진지하게 받아들이는 것 같지는 않아.
- 긍정적으로 보는 너의 마음은 정말 고마워. 하지만 지금은 잠깐 나 자신한테 시간을 줄 필요가 있는 것 같아.

"나는 좋은 마음에서
한 말이야."

원치 않은 조언

필립은 몇 년째 중견 IT 회사에서 일하고 있다. 지난주 상사가 그에게 새로운 프로젝트의 책임을 맡게 될 것이라고 알렸다. 필립은 자부심을 느낀다. 기대감으로 가득 차 프로젝트에 참여할 동료들에게 첫 미팅 초대 메일을 보냈다. 메일을 보낸 지 얼마 지나지 않아 동료 랄프가 필립의 책상으로 다가온다.

"필립, 메일 봤어. 새 프로젝트 벌써 기대돼네. 그런데 다음부터는 메일을 더 짧게 쓰면 좋겠어. 필요 없는 정보가 좀 많았거든. 그리고 미팅에선 롤라를 유심히 보도록 해. 그 친구가 자기주장이 강하잖아. 주도권 뺏기지 않게 조심하고."

필립은 약간 당황했지만, 랄프의 조언에 고맙다고 말했다.

일주일 뒤 첫 미팅이 열린다. 회의실을 나서는 필립의 표정은 매우 만족스럽다. 동료들은 전반적으로 의욕이 넘쳤고, 다양한 아이디어가 나왔다. 필립 역시 프로젝트를 추진할 생각으로 의욕이 불탄다. 회의를 마치고 사무실로 돌아가던 필립을 랄프가 다시 붙잡는다.

"아, 필립! 아직 안 가서 다행이야. 미팅 아주 좋았어! 지금은 모든 게 새롭고 흥분될 거야. 그런데 다음엔 회의를 조금 더 일찍 끝내는 게 좋을 것 같아. 몇 명이 약간 짜증 난 것 같더라. 그리고 내가 롤라 조심하라고 했지? 오늘도 꽤 나서더라." 랄프가 씩 웃으며 말한다.

필립은 잠시 침묵한다. 솔직히 랄프의 조언이 조금 과하다는 생각이 든다.

⭐ ⭐ ⭐ ⭐

필립과 랄프의 이야기는 좋은 의도가 반드시 좋은 결과를 낳지는 않는다는 사실을 전형적으로 보여 주는 사례다. 랄프는 원치 않는 조언과 피드백을 쏟아낸다. 그는 필립에게 피드백을 줄

위치의 상급자도 아니고, 필립이 그에게 조언을 적극적으로 요청한 것도 아니다.

왜 우리는 훈수를 참지 못할까 _____

랄프가 왜 계속 조언을 하는지는 분명하지 않다. 대개 이런 행동 뒤에는 부정적 의도보다 오히려 긍정적 의도가 숨어 있는 경우가 많다. 누군가는 진심으로 돕고 싶은 마음에서 이런 행동을 하는 것이다. 다만 그 과정에서 "상대가 정말 도움이 필요하고 원하는가"라는 질문이 빠졌기에 문제가 된다.

원치 않는 조언은 애매하게 선을 넘는 소통이라 할 수 있다. 이런 방식은 상대의 개인적 경계와 자율성을 침해한다. 조언자는 무의식적으로 상대가 스스로 결정하고 문제를 해결할 능력이 없다고 가정한다. 그 결과 상대는 자신의 능력과 지식이 부족하다고 느끼며 자존감이 떨어질 수 있다. 또한 이런 행동은 오히려 조언자가 현재 상황과 상대의 필요를 제대로 파악하지 못하고 있음을 드러낸다.

따라서 상대의 경계와 자율성을 존중하려면 정중하게 소통하고, 명시적으로 요청받은 경우에만 조언을 제공하는 것이 중요하다. 아니면 먼저 피드백이나 조언이 필요한지 물어볼 수 있다. 대체로 먼저 물으면 사람들은 피드백과 조언을 더 열린 마음으로 받아들인다.

선을 넘는 소통은 대개 "…해야 해", "…하는 게 좋을 거야" 같은 문장으로 끝난다. 일반적으로 사용되는 다른 표현은 다음과 같다.

- 내가 너라면….
- 너 지금 완전히 버거워 보여.
- 내가 대신 해 줄게.
- 너 이걸 잘못하고 있어.
- 왜 그렇게 해. 이렇게 하는 게 훨씬 좋잖아.
- 왜 나한테 바로 물어보지 않았어. 내가 도와줄 수 있는데.
- 이렇게 하는 게 더 나을 거야.
- 이렇게 하는 게 훨씬 더 간단해.

원치 않는 조언을 쏟아내는 것 외에 선을 넘는 소통은 다양하다. 민감한 화제를 조심성 없이 꺼내는 것 역시 선을 넘는 소통이다. "둘째는 언제 가질 건데?", "넌 왜 그렇게 맨날 아프니?" 같은 질문이나 "예전에는 바지가 헐렁했었잖아!"라는 말도 마찬

가지다.

"전혀 너 나이처럼 안 보여" 같은 '칭찬'도 선을 넘는 표현이다. 외모나 행동 같은 겉모습만으로 그 사람의 가치나 능력을 판단하기 때문이다.

상대의 경계를 무시하는 태도 역시 선을 넘는 소통이다. "그 일에 대해서는 더 이상 말하고 싶지 않아."라는 말에 "그래도 무슨 일인지 얘기 좀 해 봐. 너무 궁금해."라고 밀어붙이는 경우가 그렇다.

선을 넘는 이러한 모든 말과 충고는 설령 악의가 없더라도 미세한 상처를 준다. 어떤 사람은 다른 사람에 비해 더 큰 상처를 받기도 한다. '충고도 폭력이다'라는 독일어 속담이 괜히 있는 것이 아니다.

행동 연구에 따르면 남에게 훈수받는다고 느끼는 사람은 더 빠르게 거부 반응을 보이거나 반항적으로 대응하기 쉽다. 이는 저항감을 키우고 '그래, 하지만'$^{Yes, But}$ 화법을 촉발한다.[1] 이 화법은 상대의 말, 아이디어, 제안에 겉으로는 먼저 동의하는 듯하다가 곧바로 반대 의견이나 조건, 반론을 덧붙이는 방식이다.

미시간 주립대학교의 연구에서도 같은 맥락의 결과가 확인된다. 요청하지 않았는데 도움이나 충고를 주는 것보다, 상대가 적극적으로 도움을 요청할 때까지 기다리는 편이 낫다. 원치 않

17장 "나는 좋은 마음에서 한 말이야."

은 조언은 받는 사람에게 좌절감을 주고 자신의 능력이 무시당했다고 느끼게 한다. 조언을 주는 사람도 감사 인사를 받지 못해 실망과 무시당했다는 감정이 남는다.[2] 결국 양쪽 모두 기운이 빠진다. 이로 인해 팀원이나 가족 간에 불화가 생긴다. 이는 친구와 지인 사이에서도 마찬가지다.

여러 연구가 사람들이 조언을 받는 것보다 주는 것을 더 선호한다고 말한다.[3] 이는 자신의 경험을 공유하는 즐거움과도 관련이 있다. 기본적으로 자기 문제를 해결하는 것보다 타인의 문제에 관여하는 일이 더 쉽기 때문이다.

그래서 많은 사람이 스스로 결단을 내리기보다 남에게 조언하는 쪽을 택한다. 이를 솔로몬의 역설이라 하며, 남에게는 현명한 조언을 하면서도 정작 자신이 같은 상황에 놓이면 그대로 행동하지 못하는 모순을 가리킨다.

좋은 조언은 무엇일까 _____

좋은 충고란 무엇일까? 기본적으로 조언이나 충고는 상대가 요청하지도 않았는데 물을 쏟아붓듯 마구잡이로 해서는 안 된다. 상대를 존중하는 마음으로, 조언을 원하는지 먼저 물어보는 것이 좋다. 어린이와 청소년을 대할 때도 마찬가지다. 도움을 주려는 마음이나 아이디어를 '제안'하는 형태로 표현하자. 아래는 건강하게 도움을 제안할 때 쓸 수 있는 예시 문장들이다.

- 도움이 필요하면 편하게 말해 줘.
- 나한테 생각이 하나 있는데 너한테 알려 줘도 될까?
- 나는 이 분야에서 경험이 많아. 내 경험을 너에게 공유해도 될까?
- 널 도와주고 싶긴 한데, 동시에 네가 스스로 결정하고 싶을 것 같아. 내 도움이 필요하면 알려 줘.
- 요즘 스트레스를 많이 받는 것 같아. 내가 도울 수 있는 부분이 있을까?

도움을 제안했는데 상대가 거절하더라도 '거절당했다'고 받아들이지 말고 그대로 존중하자. 많은 사람이 타인의 도움을 받기 전에 먼저 스스로 경험을 쌓고 싶어 한다. 도움을 제안하는 말은 표현 방식에 특히 유의해야 한다. 훈계하거나 가르치려 드는 듯한 뉘앙스를 피하고, 열린 마음과 배려의 태도를 보이는 것이 좋다.

또한 시간을 충분히 두고 문제와 어려움을 파악하자. 우리는 대개 상대의 문제를 온전히 알지 못한 채 조언부터 건넨다. 이럴 때는 상대가 더 자세히 이야기하고 싶은지 먼저 물어볼 필요가 있다. 빠르게 돌아가는 일상 속에서 우리는 너무 빨리 반응하기 쉽다.

게다가 많은 사람이 당장의 해결책을 원하기보다, 문제를 그냥 이야기하고 싶어 하기도 한다. 자신의 문제와 감정을 솔직히 이야기할 수 있는 것만으로도 절반은 해결된 것이나 다름없다. 여러 연구가 보여 주듯, 이런 대화는 마음을 가라앉히고 기분을 좋게 만든다. 고민이 있을 때 본능적으로 친한 사람에게 전화를 거는 이유가 여기에 있다. 공감하며 잘 들어주는 것만으로도 큰 도움이 된다.

캘리포니아 대학교의 커뮤니케이션 학과 교수인 보 펭Bo Feng은 사람들이 누군가에게 어떤 문제를 털어놓을 때 문제를 함께 파악하기에 앞서 감정적인 위로를 먼저 받고 싶어 한다는 사실을 확인했다. 감정적인 위로를 받은 다음에 문제를 함께 살펴봤을 때 상대의 조언이 특히 도움이 된다고 느꼈다.[4]

커뮤니케이션 전문가인 웬디 샘터Wendy Samter와 에리나 맥조지Erina MacGeorge 역시 성공적인 조언의 핵심 요소로 사람 중심의 소통을 꼽았다. 상대방이 무엇을 필요로 하는지 면밀하게 살펴봐야 한다는 것이다. 그러면 스트레스 호르몬을 줄이는 데 도움

이 되며, 상대방이 훈계받는다고 느끼지 않기 때문에 자존감도 높아진다.[5]

이러한 소통은 위로와 공감의 환경을 만들고, 그 안에서 사람들은 약점까지 드러내며 자신을 자유롭게 표현할 수 있다. 핵심은 상대의 감정과 바람을 있는 그대로 인정하고, 존중하고, 공감하는 것이다. 사람 중심 소통은 눈을 맞추고, 열린 자세로, 진짜 관심을 기울이는 데서 시작된다.

조언을 정중하게 거절하는 법 _____

피드백과 조언을 구분하는 것은 중요하다. 누군가에게 피드백을 주거나 반드시 피드백을 해야 하는 상황이라면 그렇게 하되, 상대를 존중하는 차원에서 적절한 시점을 포착하고, 가능하면 지금 피드백을 들을 준비가 되어 있는지 먼저 물어보는 편이 바람직하다.

피드백은 주로 개인의 행동이나 결과물에 대해 의견을 전달하는 것을 말한다. 그 사람의 행동이나 결과물이 어떻게 받아들여졌는지를 알려 주는 역할을 하며, 긍정적인 요소와 건설적인 요소를 모두 포함할 수 있다.

반면 조언은 더 나은 방법이나 특정 상황에 접근하는 방식에 대해 구체적인 권장 사항이나 지침을 제공한다.

사람들이 원치 않는 조언을 할 때, 그 이면에는 대개 긍정적인 의도가 깔려 있다. 악의를 갖고 조언하는 사람은 극소수에 불과하다. 그러므로 원치 않는 조언이라면 정중하게 거절해도 괜찮다. 이를 위한 몇 가지 문장을 소개한다.

- 조언해 줘서 고마운데, 지금은 나 혼자 해 볼게.
- 혹시 도움이 필요하면 그때 말할게.
- 네 의견을 존중하지만, 우선은 나 스스로 결정하고 싶어.
- 네 도움은 고맙지만, 이 상황은 내 방식대로 해결하고 싶어.
- 지금은 어떤 조언도 원하지 않아. 그냥 내 말을 들어주면 좋겠어.

또한, 선을 넘는 모든 형태의 소통에서는 명확하게 경계를 긋는 것이 중요하다.

- 내 몸에 대한 얘기는 안 했으면 좋겠어.
- 이 주제는 이야기하고 싶지 않아.
- 그 질문은 너무 사적인 것 같아.

- 내 외모에 대해 말하지 말아줘.
- 그런 말은 나한테 상처를 줘.
- 나는 있는 그대로의 내 모습이 좋아.

모든 사람은 저마다 개인적 경계가 다르다. 어떤 사람에게는 지나치게 느껴지는 일이 다른 사람에게는 문제가 되지 않을 수 있다. 경계는 '이해'해야 하는 것이 아니라 '인정하고 받아들이는' 대상임을 명심하자.

18장

"나중에 잠깐
면담 좀 하죠."

불안을 만드는
정보 부족

브리타는 집에서 멀지 않은 자동차 대리점에서 사무직으로 일한다. 그녀는 매일 아침 자전거로 출근한다. 브리타는 동료들 사이에서 인기가 많다. 믿음직하고 세심한 성격이라 큰 신뢰를 얻고 있다.

오늘 아침도 브리타는 대리점에 들어선다. 평소처럼 익숙한 타이어 냄새와 커피 향이 난다. 그녀는 모두에게 다정하게 인사하고 자신의 사무실로 들어간다. 막 메일을 열려는 순간, 팀장이 급히 문을 열고 들어온다. 브리타는 깜짝 놀라 움찔한다.

"좋은 아침입니다, 브리타 씨. 일에 방해되지 않게 잠깐만 실례할게요. 다음 주 화요일 오전 10시에 얘기 좀 했으면 합니다. 일정은 공유 캘린더에 올려두었어요. 수고하시고 좋은 하루 보내세요.” 팀장은 빠르게 들어왔다가 금세 사라졌다.

브리타의 심장이 두근거린다. 잠깐 사이 머릿속으로 수많은 생각이 스친다. ‘무슨 일이지? 왜 면담을 하자는 거지? 내가 뭘 잘못했나? 해고당하는 건가? 누군가에게 잘못한 게 있었나?’

며칠이 지나도 마음이 편치 않다. 식욕도 없다. 그날 일이 계속 마음에 걸린다. 친구들도 이상함을 눈치챈다. 그녀가 이야기를 꺼내도 위로는 잘 와닿지 않는다. “넌 정말 잘하고 있어, 브리타!”; “만약 회사가 널 자른다면 그건 회사 잘못이야!”; “뭘 그렇게 걱정해? 분명 아무 일도 아닐 거야. 너 또 생각이 많아진 거야.”

면담 당일, 브리타는 잔뜩 긴장한 채 출근한다. 9시 58분에 천천히 옆 사무실로 향한다.

“역시 시간을 정확히 지키시네요!” 팀장이 환하게 맞이한다. 브리타는 과한 환대에 잠시 당황한다.

“앉으세요, 브리타 씨.” 팀장이 검은 안락의자 두 개 중 오른쪽을 가리킨다. “요즘 어때요?”

‘별로요… 아니, 최악이에요. 며칠 밤을 거의 못 잤거든요. 오늘 무슨 일이 기다리고 있을지 계속 걱정했어요. 이 면담 때문에 속이 울렁거리고 식욕도 사라졌어요.’ 속마음은 이랬지만, 입 밖으로는 "아주 잘 지내요."라는 말이 나온다.

"아주 잘 지낸다니 다행이군요! 브리타 씨는 오랫동안 이 회사와 함께하셨잖아요. 오늘 이야기를 나누자고 한 것도 그 때문이기도 합니다." 팀장이 웃으며 말한다.

'직원 평가 시즌인 건가?' 브리타의 마음이 요동친다.

"브리타 씨." 팀장이 말을 잇는다. "동료들로부터 매우 인정받고 있어요. 일 처리가 믿음직하고, 성실함과 헌신도 보여 주셨죠. 경영진도 긍정적으로 평가합니다. 그래서 제 후임을 맡아 주셨으면 해요. 물론 브리타 씨가 원하신다면요."

팀장은 기대 어린 표정으로 브리타를 바라본다. 브리타는 얼어붙은 듯 눈을 크게 뜨고 아무 말 없이 앉아 있다.

"제 이야기가 너무 갑작스러웠나요?" 팀장이 걱정스레 묻는다.

"네, 아… 아니요. 음, 죄송합니다. 그러니까 제 뜻은… 감사합니다. 저를 신뢰해 주시고 이런 제안을 주셔서 감사합니다. 전혀 예상하지 못했어요." 브리타는 마비된 듯 더듬거리며 말한다.

☆ ☆ ☆ ☆

브리타는 상사에게 면담을 요청받았지만 내용은 전혀 알지 못했다. 이는 정보 부족을 보여 주는 전형적인 사례다. 여러 연구에 따르면 정보 부족은 직장에서 매우 흔한 스트레스 요인이다. 어엿한 정신적 스트레스 요인 중 하나로, 부정확한 지시나 팀장의 면담 요청처럼 모호한 통보가 여기에 포함된다.

독일의 경우, 직장에서 정보 부족으로 스트레스를 느끼는 직원의 비율은 2012년에서 2018년 사이 65%에서 72%로 증가했다. 또한 이러한 사람들의 전반적 건강 상태가 악화됐다고 보고한 연구도 많다. 이는 정보 부족이 신체 건강에까지 큰 영향을 미칠 수 있음을 보여 준다.[1]

정보 부족이 주는 스트레스 _____

가까운 친구 사이에서도 "나중에 꼭 할 얘기가 있어"라는 말을 듣곤 한다. 이 말을 들으면 자동으로 떠오르는 질문이 있다. 친구가 무슨 이야기를 하려는가? 그리고 '나중에'가 언제인가? 이 짧은 문장에는 두 가지 정보가 빠져 있다. 하나는 친구가 어떤 이야기를 할지 알 수 없다는 점, 다른 하나는 그 궁금증이 언제 해소될지 모른다는 점이다.

정보가 부족하면 뇌는 그 공백을 메우려 한다. 정보가 빈약한 대화는 몇몇 조각이 빠져 있는 퍼즐과 같다. 그런데 우리 뇌는 퍼즐 조각이 모자라도 전체 그림을 안다고 여기기 쉽다. 이 과정에서 뇌는 과거의 경험과 정보, 참고할 만한 체험을 끌어온다. '전에 비슷한 일을 겪은 적이 있나? 앞으로 어떤 일이 벌어질까? 논리적 결론은 무엇일까? 비슷한 경험을 한 다른 사람들은 뭐라고 했나? 최악의 경우는 무엇일까?' 같은 질문이 쏜살같이 스쳐 지나간다. 이때 스트레스 호르몬인 코르티솔과 노르아드레날린이 분비된다.

대다수 사람은 직장과 개인 생활에서 정보 부족으로 큰 불편을 겪지만, 그 때문에 힘들어한다는 사실을 자각하지 못하는 경우가 많다. 이런 상황은 일상에서 매우 자주 발생하며, 대개 악의에서 비롯된 것도 아니다.

반면 엔터테인먼트와 광고 업계는 이러한 심리를 영리하게 활용한다. 영화에서 가장 긴장감 넘치는 순간, 이를테면 구조자가 사건 현장에 가까워지고 생명의 위협과 마주하기 직전, 광고가 툭 튀어나온다. 이때 "아, 안 돼!"라고 외쳐 본 사람이 한둘일까. 특히 시리즈물은 긴장감을 유지하는 심리적 장치로 정보 부족을 쓴다. 각 에피소드 말미에 클리프행어^{Cliffhanger}를 배치해 시청자가 다음 화를 기다리게 만든다. 클리프행어는 극적인 긴장감을 주기 위해 가장 긴박하거나 중요한 순간에 이야기를 멈추는 기법을 말한다.

　광고에서도 이 기법은 교묘하게 쓰인다. 이를테면 "지금 당장 체중을 줄이는 다섯 가지 팁을 알려 드립니다! 우선 하나만 공개합니다. 나머지가 궁금하다면 여기를 클릭하고 제품 X, Y, Z를 구매하세요." 같은 식이다.

해석하기보다 질문하기 ＿＿＿＿

　정보가 과도해 넘치는 상황보다 정보가 부족한 상황이 더 해롭다. 일상에서 정보 과다는 비교적 쉽게 피할 수 있지만 정보 부족은 그렇지 않기 때문이다. 스마트폰을 끄거나 소셜 미디어 소비를 줄이면 정보 홍수에서 빠르게 벗어날 수 있다. 반면 정보 부족은 다양한 방식으로 해결해야 한다.

　이럴 때는 적극적으로 정보를 요청할 필요가 있다. 누군가가 다가와 필요한 정보를 줄 때까지 기다리는 것은 좋은 방법이 아니다. 먼저 질문해 정보를 얻으면 스트레스를 미리 낮출 수 있다. 되물으면 불필요한 해석에서 벗어나 잠재의식의 부담도 덜 수 있다. 다음은 참고할 만한 질문 예시다.

- 정확히 어떤 내용에 대한 건가요?
- 저와 구체적으로 어떤 내용을 논의하고 싶으신가요?
- 이번 면담의 목적이 정확히 무엇인가요?
- 그 면담에 누가 함께 참석하나요?
- 저에게 기대하거나 바라는 점이 있으신가요?
- 그 부분을 좀 더 자세히 설명해 주시겠어요?

한 가지 팁을 더하자면, "면담을 어떻게 준비해야 할까요?"처럼 지나치게 막연한 질문은 도움이 되지 않는다. 상대가 무엇을 준비해야 할지 정하기 어렵기 때문이다. 상대에 따라 "아무것도 준비 안 해도 돼요."라고 무심하게 답할 수도 있는데, 이런 경우 오히려 불안이 커질 수 있다.

특히 직장에서는 적극적으로 되묻기를 자제하는 경우가 많다. '이건 내가 알고 있어야 하는데', '이미 들었던 내용일지도 몰라', '바보 같은 질문은 하기 싫어' 같은 생각이 질문을 막는다. 이런 생각은 자신도 모르게 정보 부족 상황을 만든다. 회사에도 자신에게도 도움이 되지 않는 일이다.

특히 회의에서 이런 일이 종종 일어난다. 모두가 내용을 제대로 파악하지 못했을 때 누군가가 질문을 던지면, 다른 사람들이 속으로 고마워하는 것이다.

평균적으로 미취학 아동은 하루에 수백 개의 질문을 하지만, 성인은 하루에 고작 12개 정도만 한다. '멍청해 보일까' '부주의해 보일까' 걱정하기보다 되묻기로 얻을 수 있는 이점을 떠올려야 한다. 적극적으로 되묻는 사람은 관심이 많고 주의 깊고 성실하며, 일을 꼼꼼히 처리하는 사람처럼 보인다. 협업에 능하고 적극성을 보이며, 불확실성과 정보 부족을 줄인다. 실수와 오해도 크게 줄인다. 질문하는 사람은 끊임없이 배우고 성장하며, 관계도 강화할 수 있다.

'저 말이 무슨 뜻이었을까?' 하고 곱씹는 데는 많은 시간과 에너지가 든다. 스트레스 호르몬 분비를 늘리고 면역 체계도 약화시킨다. 그러니 불분경한 부분이 있다면 반드시 되물어야 한다. 예를 들어 다음과 같이 말해 보자.

- 제가 제대로 이해했는지 확인하고 싶어요.
- 해당 주제에 대해서 다시 한번 의논했으면 좋겠어요.
- 이 업무를 정확하게 처리하는 것이 중요하니 하나 더 질문하고 싶어요.

'해석하기보다는 질문하기' 원칙은 사적인 관계에서 정보 부족으로 스트레스를 받을 때도 유효하다. 만약 이웃인 가비가 몇 주 전부터 여러분에게 이상하게 행동하는 것처럼 느껴진다면 '무슨 일이지? 나에게 화가 났나?' 하고 혼자 고민하기보다 직접 물어보자.

대부분 우리는 불편한 마음을 스스로 '별일 아니야'라고 치부한다. 그러다 보면 '내가 또 괜히 예민한가', '너무 깊이 생각하지 말자' 같은 생각이 스며든다. 그러나 이런 생각은 심리적 부담을 덜어주기보다 오히려 키우기 쉽다. 마음에 걸리는 일이 있다면 가능한 한 빨리 이야기하자. 무엇이 문제인지 명확해지고 마음도 편안해진다. 같은 생각만 되풀이하며 문제를 명확히 하려 하지 않는 태도가 몸과 마음에 주는 부담을 과소평가해서는 안 된다.

질문을 하게 되면 대부분 단순한 오해였음을 알게 된다. 이를테면 며칠 전 가비의 덤불이 마당까지 뻗어 덤불을 다듬어 달라고 부탁했고, 다음 날 밖에서 마주쳤을 때 가비의 태도가 달라 보였다고 치자. 그걸 자신이 한 부탁과 연결 지어 결론 내리기 쉽지만, 사실 가비는 그날 관공서와 힘든 통화를 하고 기분이 상해 있었을 수도 있다.

이런 상황에서 아무 말 없이 넘어가면 어색한 분위기가 자동으로 만들어진다. 곧 가비도 이를 감지하고 불안해진다. 오해와 대화 부족이 이웃 관계를 불편하게 만드는 것이다.

오늘부터라도 마음에 걸리는 문제가 있다면 직접 이야기해 보자. 그런 문제를 일상에서 무겁게 짊어지지 말자. 그래야 일상의 스트레스를 줄이고 더 가벼운 삶을 살 수 있다. 다음 문장들이 작은 격려가 되길 바란다.

- 나는 나 자신을 위해 마음에 걸리는 일을 이야기한다.
- 나는 오해를 줄이고 배우기 위해 질문한다.
- 나는 제멋대로 해석하지 않는다.
- 나는 나 자신을 존중하기 위해, 누가 나에게 무엇을 원하는 지 모르는 상황을 만들지 않는다.

19장

"그런 말 한 적 없는데?
네가 잘못 들었겠지."

**상대를 옥죄는
가스라이팅**

따뜻한 토요일, 리사는 연인 앤드류와 저녁 약속을 앞두고 있다. 전날 앤드류가 "내일은 일찍 갈게. 7시에 보자."라고 말했고, 메시지로도 시간과 장소를 확인했다. 그러나 약속 시간이 한참 지나도록 연락이 닿지 않는다. 리사는 조심스럽게 전화를 걸었다가 끊고, 결국 메시지를 보냈다.

"혹시 무슨 일 있어? 좀 걱정돼"

잠시 뒤, 앤드류에게서 전화가 온다. 그는 가볍게 웃으며 말한다.

"뭐가 걱정된다는 거야?"

리사는 당황했지만 침착하게 답한다.

"어제 분명 7시에 보자고 했잖아. 그래서 난 6시 50분에 도착해서 기다리고 있었어."

앤드류가 짧게 코웃음을 친다.

"그런 말 한 적 없어. 네가 잘못 들었겠지."

리사는 메시지 앱을 열어 화면을 캡처한다. 내일 7시, 리스본 카페에서 보자는 내용이 있다. 캡처 이미지를 보내며 말한다.

"여기, 네가 보낸 거야."

잠깐의 정적 후, 앤드류의 톤이 달라진다.

"아, 내가 나중에 말했잖아, 일정이 유동적일 수 있다고."

리사는 그런 말을 들은 기억이 없다.

"그 얘기는 처음 듣는데…"

앤드류는 곧바로 주제를 바꾼다.

"요즘 너 예민해졌어. 지난번에도 괜히 흥분했잖아. 친구들도 너 스트레스가 심하다고 하더라. 그게 지금 상황을 과장해서 보는 이유 아닐까?"

리사는 자신이 과민하게 굴었나 스스로를 의심하기 시작한다. 하지만 동시에 손에 쥔 메시지 기록이 눈에 밟힌다. '내가 착각한 걸까? 아니면 내가 너무 까칠하게 반응한 걸까?'

잠시 후 앤드류가 덧붙인다.

"어쨌든 지금은 늦었으니 다음에 보자. 그리고 이런 사소한 일로 이렇게 목소리 높이는 건 별로야."

통화를 끝낸 뒤, 리사는 의자에 앉아 한동안 화면만 바라본다.

✿ ✿ ✿ ✿

가스라이팅은 감정을 조종하는 한 형태로, 개인이나 집단이 의도적으로 타인의 현실 인식과 자존감을 흔들어 스스로를 의심하게 만드는 행동을 말한다.

가스라이팅의 피해자는 자신의 인식과 판단을 강하게 의심하게 되고, 어느 순간부터는 무엇이 현실이고 무엇이 아닌지조차 가늠하지 못할 만큼 자신감을 잃는다.

가스라이팅의 전형적인 모습 _____

가스라이팅은 심리적 폭력의 한 유형으로, 개인적 관계는 물론 직장, 의료 시스템, 미디어, 정치 등 다양한 영역에서 발생할 수 있으며, 부모와 자녀 관계에서도 나타난다.

심리적 폭력은 개인의 심리적 안정감, 자존감, 정서적 균형을 해치거나 통제하려는 공격적이거나 유해한 행위를 뜻한다. 위협, 굴욕, 집단 괴롭힘, 조종, 고립, 트집 잡기, 비방 등 다양한 형태로 나타나며, 모든 형태의 언어적 폭력이 여기에 포함된다.

이런 심리적 폭력의 목적은 피해자를 불안정하게 만들어 스스로 결정하는 힘을 약화시키고, 안정성과 자율성을 빼앗는 데 있다.

어떤 관계에서든 가스라이팅의 목적은 상대를 통제할 힘을 얻고 유지하는 데 있다. 이는 성별이나 관계 유형과 무관하게 누구나 사용할 수 있다.

가스라이팅의 전형적인 대화 패턴은 다음과 같다.

- 축소하기('아, 그건 그냥 사소한 일이었어. 그럴 수도 있지 뭐.')
- 사실을 부정하거나 왜곡하기('난 절대 그런 말 한 적 없어.')
- 신빙성 공격하기('넌 편견에 빠져 있어.')
- 감정 부인하기('넌 너무 예민해.')
- 책임 전가하기('네가 이렇게 일을 키우지만 않았어도 이런 문제는 없었을 거야.')
- 걱정하는 척하기('너 요즘 스트레스 많아 보이는데, 괜찮은 거야?')

- 고립시키기('친구들은 너한테 아무 도움이 되지 않아. 난 예전부터 그걸 느꼈어.')
- 일어난 사건 부정하기('그런 일은 없었어.')
- 거짓 이야기 반복하기('코로나 바이러스라는 건 애초부터 없었어.')
- 폄하하기('그 정도는 네가 당연히 할 수 있어야지. 이런 데 도움이 필요하다는 사람은 네가 처음이야.')
- 거짓된 대안 제시하기('나를 믿든가, 아니면 다른 사람들 말에 휘둘리든가 둘 중 하나야.')
- 속임수 사용하기('그게 진실이라는 건 누구나 알아.')
- 감정 조종하기('네가 화내는 건 진실이 불편해서 그래.')

또 다른 말들도 있다.

- 네가 잘못 이해한 거야.
- 너 편집증 있는 거 아니야?
- 너 정말 도움을 받아야 할 것 같아. 이건 정상이 아니야.
- 너는 언제나 상황을 완전히 잘못 판단해, 알아?
- 그냥 농담이었는데, 도대체 너 왜 그러는 거야?
- 너 기억력에 문제가 있는 것 같아. 뭔가 이상해.

ㅇ 너도 처음엔 정말 좋아했었잖아. 기억 안 나?

정신분석학자 로빈 스턴^{Robin Stern} 박사는 가스라이팅을 세 단계로 구분한다.

첫 번째 단계에서 피해자는 아직 매우 회의적이며, 가해자의 조작적 발언을 의심하고 거짓이라고 인식한다. 갈등 상황에서도 자신을 방어하고 가해자의 행동에 화를 낸다.

두 번째 단계에서는 더욱 적극적으로 자신을 방어하고, 반박할 증거를 제시하려고 노력한다. 피해자는 종종 자신을 정당화하며 상황을 '바로잡으려' 애쓴다.

세 번째 단계에 이르면 피해자는 매우 불안정해지고, 가해자의 비위를 맞추며 갈등을 피하려 한다. 이 단계에서 피해자는 열등감과 정신적 무능함을 느끼고, 무엇을 생각하고 느껴야 할지조차 알 수 없을 만큼 자신의 감정 세계와의 연결이 끊긴다. 장기적으로는 우울증과 불안 장애, 심지어 자살 충동으로 이어질 수 있다.[1]

특히 권력이 불균형한 관계나 취약한 위치에 있는 사람들은 가스라이팅의 피해를 더 많이 입는다. 권위적인 상사와 직원 관계, 의사와 환자 관계, 교사와 학생 관계, 정치인과 유권자 관계 등이 그렇다. 또한 파트너에게 조종과 학대를 당하는 사람들도 여기에 포함된다.

자존감이 낮거나 상실에 대한 두려움이 있는 사람은 다른 사람에 비해 자신감을 빨리 잃고 두려움도 더 강하게 느끼기 때문에 가스라이팅에 더 취약하다.

유해한 직장 환경^{Toxic Workplace}도 가스라이팅이 자주 일어나는 곳이다. 위계 구조상 하위에 있는 사람들은 자기 생각이나 감정을 주장하거나 조작적인 행동에 맞서는 것이 어렵기 때문에 가스라이팅의 피해자가 될 수 있다. 또한 새롭거나 낯선 상황에서는 불확실함이 크기 때문에 조작적인 영향에 더 쉽게 노출될 수 있다.

또한 가스라이팅은 개인적인 영역에서만 일어나는 것이 아니다. 여론 조작의 강력한 수단이 될 수 있어 정치 영역에서도 자주 활용된다. 음모론이 대표적인 예다.

정치인의 권력 위치는 그 효과를 더욱 증폭시키며, 의도적으로 현실에 대한 의심을 유도한다. 이를 통해 비판을 억압하고 권력과 지위를 공고히 하며, 반대 의견의 신뢰도를 떨어뜨린다. 이들이 지닌 권위와 대형 플랫폼에 대한 접근성은 발언에 모순이나 오해의 소지가 있더라도 일정한 신뢰를 부여한다.

특히 코로나 팬데믹처럼 불확실성이 큰 시기에는 대중이 조작과 가스라이팅에 더 취약해진다. 왜곡된 주장을 반복적으로 들으면 대안적 '현실'이 머릿속에 사실처럼 자리 잡고, 그 결과 민주적 절차와 독립 기관에 대한 신뢰가 약화된다. 동시에 그러한 이야기를 퍼뜨리는 사람들의 영향력은 강화된다.

이런 메시지는 소셜 미디어를 통해 불길처럼 확산한다. 정치 논쟁에서는 가스라이팅을 주도하는 목소리가 종종 더 크고 지배적으로 들리는데, 이는 마치 더 많은 지지를 받는 듯한 인상을 만든다. 이는 가스라이팅 행위자들이 의도적으로 도발적 발언으로 관심을 끌고 공적 담론을 장악하려 하기 때문이다. 독일에서는 주로 우익 단체가 이러한 전략을 사용한다.

참고로 가스라이팅은 의료 분야에서도 나타난다. 독일 의료계에서는 이를 '의료 가스라이팅'이라고 부른다. 의료 가스라이팅은 의료 전문가가 환자의 걱정이나 증상, 경험을 축소하거나 무시하는 상황을 말한다. 그 결과 환자는 자신의 말이 진지하게 받아들여지지 않았다거나 적절한 치료를 받지 못했다고 느낄 수 있다. 의료 가스라이팅은 진단을 지연시키거나 오진을 내리거나 충분한 치료를 제공하지 못하는 사태로 이어질 수 있다. 의료 가스라이팅에는 여러 요인이 영향을 미친다. 대표적으로는 인종적 배경, 성적 지향, 체중, 성별 등을 꼽을 수 있다.[2] 의료 가스라이팅은 증상이 매우 모호한 경우에 특히 자주 발생한다.

가스라이팅이 주는 피해 _____

가스라이팅을 비롯한 모든 심리적 폭력은 항상 같은 사이클을 반복한다. 긴장된 분위기가 조성된 다음 가해 행위가 일어나고, 이어서 화해가 이루어진 후 평화의 시간이 찾아온다. 그 후 새로운 사이클이 처음부터 다시 시작된다.[3]

이런 심리적 폭력은 피해자에게 불안, 우울증, 외상 후 스트레스 장애 및 기타 정신 건강 문제와 같은 심각한 장기적 영향을 미친다.[4] 또한 통증 증후군, 섭식 장애, 수면 장애, 심신질환과 같은 신체적 결과도 초래한다.[5]

심리적 폭력은 결코 드물게 일어나는 일이 아니다. 독일 성인 건강조사[DEGS1]에 따르면, 18~64세 여성의 20.2%와 남성의 17.2%가 지난 12개월 동안 최소한 한 번 이상 심리적 폭력을 경험한 것으로 나타났다.[6] 런던 대학교의 심리학자 메틴 바소글루[Metin Başoğlu]는 심리적 폭력이 신체적 고문만큼이나 오랜 기간 정신적 영향을 미친다는 사실을 밝혔다. 심리적 폭력은 신체적 폭력만큼이나 파괴적이다.[7]

가스라이팅의 전형적인 피해 징후는 다음과 같다.

○ 이유도 모른 채 끊임없이 사과한다.

- 모든 단어를 곱씹어 생각한다.
- 자신을 더 이상 믿지 못한다.
- 자기 생각과 감정을 끊임없이 의심한다.
- 외로움이 커진다. 친구와 가족과의 접촉이 줄어든다.
- 파트너가 가스라이팅 행위를 하는데도 오히려 파트너를 보호한다.
- 두려움이 커진다.

'넌 그런 말 한 적 없잖아!' 같은 말은 어떤 관계에서든 나올 수 있다. 그러나 실제로 상대를 가스라이팅하는 사람과, 말다툼 중에 건강하지 않게 행동하는 사람은 분명히 다르다. 가스라이팅 가해자는 상대에게 문제가 있다고 믿게 만들기 위해 일반화된 '너-메시지'를 지속적으로 사용하며, 이러한 행동을 상대를 지배하려는 방식으로 계속 반복한다.

내 경계를 분명히 하는 법 _____

가스라이팅을 피하려면 통찰력과 주변의 도움, 그리고 용기가 필요하다. 가스라이팅을 당한 사람은 이 상황이 자신의 잘못이 아니며, 자신이 심리적 폭력의 피해자가 되었다는 사실을 먼저 인지해야 한다.

가스라이팅의 피해자는 너무 예민한 것도, 인식이 잘못된 것도 아니다. 다만 강한 불안감에 휩싸여 지금 자신이 정말로 괜찮은지를 쉽게 판단하지 못할 뿐이다. 이럴 때는 친구나 가족에게 도움을 청하고, 믿을 수 있는 사람들의 말을 주의 깊게 들어야 한다. 그들만이 내게 가해지는 일이 옳지 않다는 점을 일깨워 줄 수 있다. 이렇게 현실에서 한 발짝 떨어져 보는 과정이 큰 도움이 된다. 상담 센터나 의료진에게도 도움을 받아야 한다. 건강하지 못한 관계에서 벗어나는 일은 결코 쉽지 않다.

피해자의 건강을 위해 가장 중요한 것은 가능한 한 빨리 그리고 완전히 그 상황에서 벗어나는 것이다. 그 후에는 그 경험을 차근차근 극복하고 회복해 나가야 한다. 가스라이팅을 겪은 뒤에는 자존감을 다시 세우는 데에도 많은 시간이 필요하다. 아래 몇 가지 대처 요령이 도움이 될 수 있다.

- 일기를 써서 실제로 벌어진 일을 기록한다. 나중에 누군가가 경험을 다르게 말하거나 왜곡할 경우, 기록을 통해 사실을 다시 확인할 수 있다.
- "그만"이라는 신호를 분명히 보낸다. "나는 지금 이 상황을

똑바로 보고 있어. 네가 나를 이런 식으로 대하는 게 싫어. 그래서 이 대화는 여기서 끝낼게."라고 말한다.

개인 차원뿐만 아니라 사회의 가스라이팅에 대응하는 팁은 다음과 같다.

- 믿을 수 있는 정보를 참고하기
- 상황과 무관한 제3자의 의견 들어보기
- 믿을 수 있는 사람들과 이야기 나눠 보기
- 가스라이팅과 관련된 지식을 배우고 스스로 깨우치기
- 자신의 경계를 분명히 하기
- 자신감 키우기
- 자신을 돌아보는 시간을 꾸준히 가지기
- 소셜 미디어에서 접하는 정보를 면밀하게 확인해 보기

정보 출처의 동기와 의도를 살피는 것도 중요하다. 특정한 이야기가 퍼질 때 누가 이익을 얻는지, 의도적 조작의 흔적은 없는지 확인해 보자. 과장, 사실 부정, 끊임없는 모순 같은 수사 기법은 가스라이팅의 징후일 수 있으므로 주의가 필요하다. 허위 정보와 조작의 메커니즘을 이해할수록, 미디어를 해석하는 능

력이 강해진다.

또한 감정적으로 거리를 두어 조작된 정보에 흔들리지 않도록 하자. 감정적 수사에 휩쓸리기보다 검증 가능한 사실에 근거해 이성적으로 판단하려는 노력이 필요하다. 다른 사람들과 생각을 공유하고 토론하면 다양한 관점을 이해하고, 내 인식을 점검하는 데 도움이 된다.

마지막으로, 사회적 맥락이든 개인적 맥락이든 가스라이팅으로부터 자신을 지키는 일은 지속적인 과정임을 기억하자. 이 과정에는 주의력과 결단력이 필요하다. 외부의 조작에 흔들리지 말고, 내가 생각하고 느끼는 것을 신뢰하자. 믿을 수 있는 사람들과 상의하거나 제3자의 의견을 듣는 일은 관점을 정립하고 상황을 명확히 파악하는 데 큰 도움이 된다.

무엇보다 중요한 것은 나의 행복감과 정신 건강이다. 다른 사람의 조작에서 벗어나 현실을 바꿀 힘이 내게 있다는 사실을 꼭 기억하자.

"난 왜 생리 때면 화가 날까?"

**월경 주기에 따른
의사소통**

모나는 활기차고 사교적이다. 사람들과 어울리며 생각과 감정을 표현하는 것을 좋아한다. 다만 때때로 깊은 우울에 빠져 자신만의 세계로 숨어들기도 한다.

그녀는 본인이 감정 기복이 있다고 느낀다. 모든 일을 해낼 수 있을 것 같은 때가 있는가 하면, 그저 숨고 싶을 때도 있다. 특히 사람과의 관계에서 이런 변화가 두드러진다. 그럴 때면 '내 진짜 모습은 뭘까' 하고 곰곰이 생각한다.

어느 날, 모나는 활력이 넘치고 의욕이 샘솟는다. 머릿속에서는 아이디어와 창의력이 마구 떠오른다. 햇살 좋은 아침, 그녀는

20장 "난 왜 생리 때면 화가 날까?"

그림을 좋아하는 마음을 나누고자 지역 예술 프로그램에 참여하기로 결심한다. 자신의 비전을 열정적으로 이야기하며 주변 사람들을 독려한다. 말이 막힘없이 흘러나오고 표정과 몸짓에는 열정이 가득하다. 붓이 캔버스 위에서 춤추듯, 쉬는 시간마다 참여자들과 자연스럽게 대화를 나눈다. 이런 자신의 모습이 뿌듯하다. '이 기분을 박제해 둘 수 있다면 좋을 텐데.' 그녀는 속으로 생각한다.

며칠 뒤 모나의 에너지가 절정에 이른다. 자신감이 넘치고 세상을 정복할 수 있을 것처럼 강력해진 기분이다. 친구들과의 저녁 모임에서 대화를 주도한다. 최근에 그린 그림을 설명하고, 모두의 시선이 자신에게 모이는 순간을 즐기며 이야기를 이어 간다.

하지만 며칠이 지나자, 불과 지난주의 모임이 마치 비현실처럼 느껴진다. 모나는 갑자기 예민해지고 생각이 많아진다. '왜 이럴까? 나한테 무슨 문제가 있는 건 아닐까?'

비 내리던 오후, 그녀는 가장 친한 친구 캐시와 카페에 앉아 있다. 모나는 캐시의 우울을 느끼고 그의 이야기를 공감하며 듣는다. 신중히 말을 고르고, 마음을 더 잘 이해하려 적절한 질문을 건넨다. 말투는 따뜻하고 격려가 담겨 있다. 그 순간 주목받고 싶은 욕구가 스르르 사라진다.

또 며칠이 흘렀다. '시간이 참 빠르구나.' 모나는 혼잣말을 한다. 최근 그녀는 사람들과 어울리기보다 혼자만의 시간을 가진다. 캐시에게서도 연락이 없다. 모나는 자신이 더 예민해졌음을 느끼며 고요를 원한다. 어느 저녁, 환한 조명이 켜진 집에서 책상에 앉아 일기장을 펼치고 조용히 끄적이기 시작한다.

✿ ✿ ✿ ✿

모나의 의사소통은 월경 주기에 따라 다양한 영향을 받는다. 주기마다 그녀의 장점이 두드러질 때도 있고 단점이 나타날 때도 있다.

어떤 여성은 자신의 월경 주기를 잘 알고 있지만, 그렇지 않은 경우도 있다. 대수롭지 않게 넘어가기도 한다. 그러나 월경 주기는 많은 부분을 변화시키며 특히 의사소통에 큰 영향을 미친다.

월경 주기 동안 여성은 호르몬 변동을 동반한 여러 단계를 거치며, 이러한 변동은 기분과 에너지 수준, 주변 세계에 대한 인식에 영향을 미친다. 그러면서 자신과의 소통뿐 아니라 타인과의 소통에도 변화가 생긴다.

20장 "난 왜 생리 때면 화가 날까?"

뇌에도 주기가 있다 _____

라이프치히 대학 병원의 레이첼 지도^{Rachel Zsido}와 율리아 자허^{Julia Sacher}는 연구를 통해 호르몬 주기에 따라 뇌도 사실상 재정비되어 일종의 주기를 거친다는 사실을 발견했다. 즉 여성의 월경 주기에 따라 뇌의 학습 및 기억 중추가 변화하고, 이에 따라 감정과 공감 능력, 자기 인식도 함께 변화한다는 것이다.[1]

월경 주기의 전반부에 해당하는 배란 전 단계에는 에스트로겐^{Estrogen}과 난포 자극 호르몬^{Follicle-Stimulating Hormone}이 증가함에 따라 에너지와 사회적 교류에 대한 욕구가 증가한다. 이 시기에는 여성들이 더 활발하고 말을 많이 하며 창의적이다. 또한 자기 생각과 의견을 표현하고 다른 사람들과 교류하고 싶은 욕구가 증가한다. 모나는 이 단계에서 지역 예술 프로그램에 참여했다.

호르몬 수치가 최고조에 달하는 배란기에는 여성들이 특히 활력이 넘치고 자신감을 느끼며, 그에 따라 훨씬 더 개방적이고 표현력이 풍부한 의사소통을 한다. 특히 자신이 원하는 바와 욕구를 명확하게 표현하고 자신감 있게 대화할 수 있다. 이 시기에 모나는 저녁 모임에서 친구들을 만났다. 배란기의 여성은 토론 중에 자기 의견을 고수하고, 협상하고, 결정을 내리고, 자신을 옹호하는 일을 훨씬 수월하게 할 수 있다. 배란기는 면접을 보거나 연봉 재협상을 하기에 완벽한 시기다.

배란 후 단계인 황체기에는 감정적으로 더 예민해지고 주변 환경을 인지하는 감각이 강해지는 경향이 있다. 따라서 이 시기의 여성은 의사소통을 할 때 상대를 더 공감하고 세심한 주의를 기울이게 된다. 또한 다른 사람을 지지하고 이해하려는 욕구가 증가하여 타인의 정서적 요구에 잘 반응한다. 모나는 이 시기에 친구 캐시를 만나 도움을 줬다.

호르몬 수치가 낮은 월경기에 여성은 위축되고 내성적인 경향을 보인다. 또한 민감도가 높아지고 자신의 욕구와 감정에 더 집중하게 된다. 이 시기에는 대부분 차분하게 의사소통하며 사색적이고 자기중심적인 모습이 나타난다. 모나는 이 기간에 책상에 앉아 차를 마시며 일기를 쓴다. 이때는 다른 사람과 대화하는 것이 감정적으로 힘들게 느껴지는 경우가 많다. 일부 여성은 퇴근 후에 친구를 만나기에는 정신적 여유가 부족하다고 느끼기도 한다.

특히 월경 주기의 후반부에는 프로게스테론^{Progesteron} 수치가 최고조에 달하면서 많은 여성이 긴장감과 감정 기복을 경험한다. 또한 이 기간에는 뇌가 부정적인 것을 더 잘 인식하는 경향이 있다. 속상하고 화나는 일이 더 잘 느껴지거나 기억에 강하게 남는다.[2]

여기서 유의할 점은 월경 주기가 의사소통에 미치는 영향이 개인마다 다를 수 있다는 것이다. 월경을 하는 모든 여성이 월경 주기에 같은 증상을 경험하거나 같은 민감도를 보이는 것은 아니다. 어떤 여성은 다른 여성보다 자신의 월경 주기에 일어나는 변화를 더 잘 인지한다. 또한 성격적인 차이도 있다. 천성적으로 내향적인 여성이 있고 외향적인 여성이 있다. 이러한 차이는 당연히 월경 시 변화에도 반영된다.

월경 주기를 이용해 소통하는 방법 _____

월경 주기가 의사소통에 미치는 영향을 의식적으로 인지하면 자신의 욕구를 더 잘 파악하고 그에 따라 대화나 면담 일정을 조정하는 데 도움이 될 수 있다. 이렇게 하면 추가적인 스트레스, 피로, 과도한 부담을 줄일 수 있다. 자신의 월경 주기에 맞춰 생활하려고 노력하고, 사람들과의 관계에서도 이에 대해 솔직하게 이야기한다면 큰 도움이 될 수 있다.

앞서 설명했듯이 월경기에는 자신감이 떨어지고 타인으로부터 더 많은 격려와 인정이 필요할 수 있다. 또한 다른 사람들과 소통하거나 교류하고 싶은 욕구가 줄어들고 혼자 있고 싶은 마음이 더 커지며, 따뜻함과 휴식을 더 많이 필요로 한다. 가능하면 이 시기에는 약속이나 협상, 회의 일정을 잡지 않는 것이 좋다. 이때는 자기 입장을 주장하고 밀어붙이는 일이 다소 어렵게 느껴진다. 이럴 때는 신선한 공기를 충분히 마시고 명상을 하며, 힘들더라도 의식적으로 자신의 경계를 설정하는 것이 좋다.

월경기에 하면 좋은 소통은 다음과 같다.

- 자신과의 다정한 대화
- 회의나 약속 잡지 않기
- 자존감 지키기
- 의식적으로 재충전의 시간 갖기
- 일기 쓰기
- 산책
- 좋은 사람들과 대화하기

월경이 끝난 후 배란 직전까지의 기간인 난포기에 접어들면 보다 명확한 대화를 할 수 있다. 이 시기의 여성들은 어려운 과제를 해결하고 압박감 속에서도 자신감 있게 행동할 수 있다. 또한 명확하고 논리적인 주장을 펴며, 용기 있게 협상하기가 더 쉬워진다. 어떤 결정을 내리거나 어려운 대화를 해야 한다면 이 시기를 활용하는 것이 좋다. 또한 풍부하게 떠오르는 아이디어를 기록해 두는 것도 좋다. 창의력을 발휘하거나 새로운 비전을 세우거나 호기심을 가지고 지식을 얻는 데 이 시기를 적극적으로 활용해 보자.

난포기에 하면 좋은 소통은 다음과 같다.

- 중요한 일정 잡기
- 결정을 내리기
- 사람들 사귀기
- 어려운 대화 하기
- 운동 등 활동적으로 지내기

배란기에는 에너지가 최고조에 달한다. 사람들과 어울리고 싶은 의욕이 다시 강해지고 활력이 매우 넘친다. 많은 여성이 이 시기에 회의나 강의, 토론에서 자신의 능력을 최고로 발휘한다. 그러므로 이 시기는 협상이나 면접, 연봉 논의 등을 하기에 매우 적합하다.

배란기에는 자신감이 더 높아지고 회복 탄력성도 강해진다. 또한 설득력 있게 자기 의견을 표현하고 다른 사람들에게 긍정적인 영향을 줄 수 있다. 따라서 꼭 해야 할 일들을 처리하거나 인맥을 넓히거나 새로운 도전을 하거나 아이디어를 실행에 옮기기에 아주 좋은 시기다.

배란기에 하면 좋은 소통은 다음과 같다.

- 인맥 넓히기
- 친구와 만나기
- 연봉 협상
- 면접
- 피드백 면담
- 발표하기
- 아이디어를 실행에 옮기기

배란 후부터 다음 월경 직전까지의 기간인 황체기에는 에너지가 점차 감소한다. 이 시기에는 많은 여성이 혼자 있고 싶은 마음이 강해지며, 자신을 정리하고 계획을 세우는 데 이 기간을 활용한다. 이를테면 회의에서는 의제를 그대로 따르고 앞으로의 계획을 세우는 데 더 중점을 둔다. 또한 대화를 대체로 피하며, 하더라도 딱 필요한 말만 하는 경우가 많다.

이 시기에는 자신을 돌아보는 시간을 가져보는 것이 좋다. 많은 여성이 이때 피드백을 더욱 민감하게 받아들이며 결정을 쉽게 내리지 못한다. 일반적으로 감정적으로 더 예민하고 쉽게 짜증 내며 침착함을 유지하지 못하는 경우가 많다. 또한 자신에게 훨씬 더 비판적이거나 자주 울음을 터뜨리기도 한다. 그러므로 이 시기에는 주변의 도움을 받아들이고 거절 의사를 자주 표현하며 자신을 돌아보는 것이 매우 중요하다.

황체기에 하면 좋은 소통은 다음과 같다.

- 정리하기
- 일기 쓰기
- 계획 세우기
- 도움받기
- 거절하기

모든 것이 그렇듯이 월경 주기에 맞춘 의사소통에도 정답은 없다. 월경 주기의 각 단계를 스스로 돌아보며 특히 어떤 욕구가 강하게 나타나는지를 파악하는 것이 바람직하다. 건강하지 못한 방식으로 의사소통을 하면 과도한 스트레스를 받게 되고, 이는 월경 주기에 영향을 미칠 수 있다.

그중 가장 흔한 증상은 호르몬 수치의 변동으로 월경 주기가 불규칙해지는 것이다. 어떤 경우에는 과도한 스트레스 때문에 월경이 일시적으로 멈추기도 하며, 특히 스트레스가 만성적일 때 더욱 그렇다.

이러한 신체적 영향 외에도 스트레스는 감정 기복이나 과민함, 피로감과 같은 월경 전 증상을 유발한다. 장기적으로 볼 때 만성 스트레스는 건강하지 못한 소통을 하게 만들어 호르몬 불균형을 초래할 수 있다. 이러한 불균형이 생기지 않도록 우리 몸이 보내는 신호에 주의를 기울이는 것이 좋다.

당신을 위한
다정한 약상자

이 책을 읽는 동안 여러분 마음속 약상자에 작은 처방전들이 하나둘 채워졌기를 바란다. 그 처방전이 지금의 나에게도 잘 맞는지, 나를 편안하게 해 주는 건 무엇인지 가끔씩 살펴보면 좋겠다. 마음속 약국을 정기적으로 정리하면서, 이제는 내려놓아도 될 것들은 살며시 빼 보는 것도 필요하다.

이 처방전들이 앞으로 여러분의 소통을 조금 더 부드럽고 건강하게 만들고, 건강하지 않은 대화 패턴에서 한 걸음씩 빠져나오는 데 힘이 되어 주었으면 좋겠다. 그렇게 된다면, 여러분의 마음과 몸도 분명히 고마워할 것이다.

감사의 말

여러분 손에 들린 이 책은 그저 단순한 한 권의 책이 아닙니다. 제 평생의 꿈이자, 그 꿈이 이루어진 결과입니다. 그리고 그 꿈이 실현된 것에 무한히 감사드립니다. 여기까지 올 수 있도록 도와준 벨츠 출판사의 베티나 브링크만에게 특별한 감사를 전합니다. 빈에서 교육 과정을 마치고 호텔 방에 앉아 있을 때, 이 책을 출간하겠다는 메일을 받고 기쁨의 눈물을 흘렸습니다. 4년 동안 이 원고를 쓰고 출간해 줄 협력자를 찾아 헤매던 끝에 당신이라는 아주 사랑스러운 사람을 만났고, 당신은 저를 전문적으로도, 인간적으로도 이끌어 주었습니다. 저를 지지해 준 벨츠 출판사의 모든 분께 진심으로 감사의 말씀을 전합니다.

때로는 우리가 올바른 방향으로 나아갈 수 있도록 도와줄 사람이 필요합니다. 여러분도 그런 경험이 있지 않나요? 제게는 알렉산더 쿠겔슈타트 박사가 그런 분입니다. 저는 2020년에 제 팟캐스트에서 박사님을 인터뷰할 기회를 가졌고, 우리는 계속 연락을 주고받았습니다. 그러던 중 박사님이 제게 '건강한 소통'을 주제로 책을 써 볼 생각이 있느냐고 물어보셨습니다. 여러분이 지금 보고 계신 이 책이 바로 그 결과물입니다. 박사님, 제게 많은 영감을 주셔서 정말 감사합니다. 박사님께서 해 주신 말씀에 깊은 감동을 받았습니다.

여기까지 오는 길은 정말 흥미진진했고 기쁨으로 가득했습니다. 그리고 이런 기쁨은 무엇보다 함께 나눌 수 있을 때 더욱 큰 가치를 갖습니다. 이 기쁨과 설렘을 저와 함께 나누어 준 소중한 친구들에게 고맙다는 말을 전하고 싶습니다. 루이자, 프란치, 자브리나, 재키, 정말 고마워. 너희들이 내 친구들이라서 정말 행운이야.

물론 제 아들들에게도 고마움을 전합니다! 마빈, 모티, 마티, 너희는 최고야! 내 여정을 함께해 준 너희의 존재가 얼마나 고마운지, 세상의 어떤 말로도 다 표현할 수 없구나. 너희는 나의 안식처이자 영감이며, 내가 바랄 수 있는 가장 큰 응원이다.

'낯선 사람은 아직 알지 못하는 친구다.' 여러분은 이 말을 들어본 적 있으신가요? 제 팟캐스트를 들어 주시는 청취자분들, 제 책을 다른 사람에게 추천해 주시는 분들, 매일같이 소셜 미디어에서 저를 팔로우해 주시는 분들을 떠올릴 때, 이 말만큼 잘 맞는 표현은 없는 것 같습니다. 여러분의 응원에 진심으로 감사드립니다. 그중에는 벌써 몇 년째 저를 지지해 주시는 분들도 계십니다. 또한 이 자리를 빌려, 제가 작업할 수 있도록 힘써 주신 모든 실무진, 팀, 매니저분들께도 감사의 마음을 전하고 싶습니다. 여러분은 저의 절대적인 영감입니다!

그리고 독자 여러분께도 감사의 말씀을 드립니다. 이 책을 읽고 이처럼 중요한 주제에 깊이 몰입해 주셔서 감사합니다. 여러분의 소중한 시간을 제게 선물해 주셔서 진심으로 감사합니다.

모두가 알다시피, 최고의 것은 마지막을 위해 남겨두는 법입니다. 엄마, 그리고 프랭클린. 말로 다 표현할 수 없을 만큼 사랑하고, 저를 위해 해 준 모든 것에 진심으로 감사드립니다. 언제나 저를 믿어 주시고 사랑으로 응원해 주셔서 감사합니다. 두 분이 계시지 않았다면 지금의 저도 없었을 것이고, 두 분이 없었다면 저는 지금 이 자리에 있지도 못했을 것입니다. 제 곁에 있어 주셔서 정말 감사합니다!

물론 다른 가족들에게도 큰 감사를 전합니다! 올기, 넌 내가 항상 꿈꿔 왔던 바로 그 동생이야. 크리스텔, 디아나, 재클리네,

모두 고마워!

　이 모든 분이 제 곁에 있어 정말 행복합니다. 여러분 모두가 자신을 믿고, 자신의 꿈을 믿기를 바랍니다.

리자 홀트마이어 드림

출처

1장

1. Kross, Ethan und Berman, Marc et al.: Social rejection shares somatosensory representations with physical pain. 2011. Zugriff am 22.04.2024 auf: https://doi.org/10.1073/pnas.1102693108.

2. ndr.de: Broken Heart: Wenn die Seele das Herz lähmt. 2019. Zugriff am 22.04.2024 auf: https://www.ndr.de/ratgeber/gesundheit/Broken-Heart-Syndrom-Symptome-wie-Infarkt,gebrochenesherz103.html.

3. DeWall, Nathan und MacDonald, Geoff et al.: Acetaminophen Reduces Social Pain: Behavioral and Neural Evidence. 2010. Zugriff am 22.04.2024 auf: https://pubmed.ncbi.nlm.nih.gov/20548058.

4. Krämer, Sybille: Gewalt der Sprache. Sprache der Gewalt. 2005. S. 4. Zugriff am 22.04.2024 auf: https://www.bmfsfj.de/resource/blob/93966/06e12f8ed3e66c8265a13f833916e5a2/gewalt-der-sprache-sprache-der-gewalt-data.pdf.

5. UNICEF: Niemals Gewalt gegen Kinder!. O. J. Zugriff am 22.04.2024 auf: https://www.unicef.de/informieren/aktuelles/gewalt-gegen-kinder-been den.

6. Schlensog-Schuster, Franziska und Keil, Jan et al.: From Maltreatment to Psychiatric Disorders in Childhood and Adolescence: The Relevance of Emotional Maltreatment. 2022. Zugriff am 22.04.2024 auf: https://journals.sagepub.com/doi/10.1177/10775595221134248.

7. Afari, Niloofar und Ahumada, Sandra et al.: Psychological Trauma and Functional Somatic Syndromes. A Systematic Review and Meta-Analysis.2014. Zugriff am 22.04.2024 auf: https://journals.lww.com/psychoso maticmedicine/abstract/2014/01000/psychological_trauma_and_functional_somatic.2.aspx.

8. Spektrum.de: Beleidigungen fühlen sich an wie eine Ohrfeige. 2022. Zugriff am 22.04.2024 auf: https://www.spektrum.de/news/eine-beleidigung-fuehlt-sich-an-wie-eine-ohrfeige/2054010.

2장

1. Nussbaum, Cordula: Kopf voll, Hirn leer. Gräfe und Unzer Verlag GmbH: 2023. S. 196 f.
2. Quarks.de: So hörst du auf zu grübeln. 2023. Zugriff am 22.04.2024 auf: https://www.quarks.de/gesellschaft/psychologie/gruebeln-gedanken-abschalten/.
3. Max-Planck-Institut für Bildungsforschung: Ich denke – also spreche ich? 2012. Zugriff am 22.04.2024 auf: https://www.mpib-berlin.mpg.de/presse meldungen/gruebeln-kennt-jeder.
4. Zhou, Hui Xia et al.: Rumination and the default mode network: Meta-analysis of brain imaging studies and implications for depression. 2020. Zugriff am 22.04.2024 auf: https://www.sciencedirect.com/science/article/pii/S105381191930878X.
5. Kaiser RH, Andrews-Hanna JR, Wager TD, Pizzagalli DA: Large-Scale Network Dysfunction in Major Depressive Disorder: A Meta-analysis of Resting-State Functional Connectivity. 2025. Zugriff am 22.04.2024 auf: https://pubmed.ncbi.nlm.nih.gov/25785575/.
6. Zeit Magazin: Glauben Sie bloß nicht, was Sie nachts denken. 2023. Zugriff am 22.04.2024 auf: https://archive.md/20231031064703/https:/www.zeit.de/zeit-magazin/leben/2023-08/gedanken-nacht-probleme-stress-tipps#selection-1605.408-1605.409.
7. Frankfurter Allgemeine Zeitung: Gefangen in der Grübelschleife 2009. Zugriff am 22.04.2024 auf: https://www.faz.net/aktuell/wissen/leben-gene/rumination-in-der-psychologie-gefangen-in-der-gruebelschleife-1656465.html.
8. Rankin, Lissa: Warum Gedanken stärker sind als Medizin. Penguin Verlag: 2014. S. 48 f.
9. Bratman et al.: Nature experience reduces rumination and subgenual prefrontal cortex activation. 2015. Zugriff am 22.04.2024 auf: https://pubmed.ncbi.nlm.nih.gov/26124129/.
10. Digdon, Nancy und Koble, Amy: Effects of Constructive Worry, Imagery Distraction, and Gratitude Interventions on Sleep Quality: A Pilot Trial.2011. Zugriff am 22.04.2024 auf: https://iaap-journals.onlinelibrary.wiley.com/doi/abs/10.1111/j.1758-0854.2011.01049.x.
11. Murray: Writing to heal. Monitor on Psychology, 33(6). 2002. Zugriff am22.04.2024 auf: https://www.apa.org/monitor/jun02/writing.

3장

1. Spektrum.de: War doch keine Absicht! 2020. Zugriff am 22.04.2024 auf:https://www.spektrum.de/news/passiv-aggressives-verhalten-erkennen/1804403.

2. Barmer: Passiv-aggressiv: So können Sie die versteckte Wut erkennen und kontern. 2023. Zugriff am 22.04.2024 auf: https://www.barmer.de/gesundheit-verstehen/psyche/ psychische-gesundheit/passiv-aggressiv-1131508.

3. AOK: Was ist passiv-aggressives Verhalten? 2023. Zugriff am 22.04.2024 auf: https://www. aok.de/pk/magazin/koerper-psyche/psychologie/was-ist-passiv-aggressives-verhalten/.

4. Sowislo JF, Orth U: Does low self-esteem predict depression and anxiety? A meta-analysis of longitudinal studies. Psychol Bull. 2013. Zugriff am 22.04.2024 auf: https://pubmed. ncbi.nlm.nih.gov/22730921/.

4장

1. Orth, U.;Robins, R. W., & Widaman, K. F.: Life-span development of self-esteem and its effects on important life outcomes. Journal of Personality and Social Psychology, 2012, 102(6), 1271–1288. https://doi.org/10.1037/a0025558.

2. Nussbaum, Cordula: Kopf voll, Hirn leer. Gräfe und Unzer Verlag GmbH: 2023. S. 153.

3. Spektrum.de: Maßnahmen für mehr Selbstmitgefühl. 2019. Zugriff am 22.04.2024 auf: https://www.spektrum.de/news/massnahmen-fuer-mehrselbstmitgefuehl/1681466.

4. Quarks.de: Selbstmitgefühl. Darum solltest du nett zu dir sein. 2021. Zugriff am 19.08.2024 auf: https://www.quarks.de/gesellschaft/psychologie/darumsolltest-du-nett-zu-dir-sein/.

5. https://www.tarabrach.com/wp-content/uploads/pdf/RAIN%20of%20Self-Compassion%20-%20Deutsche.pdf.

5장

1. NWX.de: Viele Deutsche vermissen Wertschätzung im Job. 2023. Zugriff am 22.04.2024 auf: https://nwx.new-work.se/themenwelten/gesellschaft/jobhappiness-studie-2022-von-xing-viele-deutsche-vermissen-wertschatzung-im-job.

2. EY.com: Motivation im Job sinkt auf Tiefstand: Jeder Dritte macht höchstens»Dienst nach Vorschrift«. 2023. Zugriff am 22.04.2024 auf: https://www.ey.com/de_de/news/2023/05/ motivation-im-job-sinkt-auf-tiefstand.

3. Stocker, D.; Jacobshagen, N.; Krings, R.; Pfister, I. B. & Semmer, N. K.: Appreciative leadership and employee well-being in everyday working life. In: German Journal of Research in Human Resource Management, Ausgabe 28/2014, S. 73–95.

4. Berndt, Christina: Die Rundum-Gesund-Formel. dtv: 2023. S.1 65.

5. Otto-von-Guericke-Universität: Nicht Ost-West macht den Unterschied.2020. Zugriff am 22.04.2024 auf: https://www.ovgu.de/Universit%C3%A4t/Im+Portrait/ Profilierungsschwerpunkte/Forschung+_+Transfer/PM+01_2020-p-85846.html.

6. Eckstein M, Stößel G, Fungisai Gerchen M et al.: Neural responses to instructed positive couple interaction: an fMRI study on compliment sharing.2023. Zugriff am 22.04.2024 auf: https://academic.oup.com/scan/article/18/1/nsad005/7059379.

7. Zeit.de: Süchtig nach Anerkennung. 2013. Zugriff am 22.04.2024 auf: https://www.zeit.de/ zeit-wissen/2013/04/psychologie-soziale-anerkennung.

8. Geo.de: Studie: Oxytocin lässt uns besonders im Alter zufrieden leben. 2022.Zugriff am 22.04.2024 auf: https://www.geo.de/wissen/gesundheit/oxytocin-hormon-macht-nett- und-zufrieden---menge-nimmt-im-alter-zu-31806828.html.

9. Techniker Krankenkasse: Selbstmitgefühl. Wie Sie lernen, sich selbst zu unterstützen. 2023. Zugriff am 22.04.2024 auf: https://www.tk.de/techniker/magazin/life-balance/ stress-bewaeltigen/selbstmitgefuehl-achtsamkeitselfcare-2035310.

10. Spektrum.de: Frühkindliche Vernachlässigung verändert Hormonhaushalt.2005. Zugriff am 22.04.2024 auf: https://www.spektrum.de/news/frueh kindliche-vernachlaessigung- veraendert-hormonhaushalt/794378.

11. Berndt, Christina: Die Rundum-Gesund-Formel. dtv: 2023. S.1 13.

12. Chapman, White: Die 5 Sprachen der Mitarbeitermotivation. Francke-Buch:2013.

13. Chapman, Rothkirch: Die fünf Sprachen der Liebe - Wie Kommunikation in der Partnerschaft gelingt: 2019.

6장

1. The Gottman Institute: The Four Horsemen: Stonewalling. O. J. Zugriff am 22.04.2024 auf: https://www.gottman.com/blog/the-four-horsemen-stonewalling/.

2. Levenson RW, Gottman JM: Physiological and affective predictors of change in relationship satisfaction. 1985. Zugriff am 22.04.2024 auf: https://pubmed.ncbi.nlm.nih. gov/4020618/.

3. Ebd. (siehe Quelle 1 in diesem Kapitel).

7장

1. Zeit.de: Warum wir Selbstgespräche führen – und wofür sie gut sind. 2020.Zugriff am 22.04.2024 auf: https://www.zeit.de/zett/2020-05/warum-wirselbstgespraeche-fuehren-

und-wofuer-sie-gut-sind.

2. Puchalska-Wasyl, Małgorzata M.: »Self-Talk: Conversation With Oneself? On the Types of Internal Interlocutors«. The Journal of Psychology 149, no.5 (2015): 443–60. doi:10.10 80/00223980.2014.896772.

3. Brinthaupt TM, Hein MB, Kramer TE.: The self-talk scale: development, factor analysis, and validation. J Pers Assess. 2009 Jan;91(1):82-92.doi:10.1080/00223890802484498. PMID:19085287.

4. Ebd.

5. Moser, J. S., Dougherty, A., Mattson, W. I. et al. Third-person self-talk facilitates emotion regulation without engaging cognitive control: Converging evidence from ERP and fMRI. Sci Rep 7, 4519 (2017). https://doi.org/10.1038/s41598-017-04047-3.

6. Zeit.de: Warum wir Selbstgespräche führen – und wofür sie gut sind. 2020. Zugriff am 22.04.2024 auf: https://www.zeit.de/zett/2020-05/warum-wirselbstgespraeche-fuehren-und-wofuer-sie-gut-sind.

7. AOK: Negative Gedanken loswerden: So geht's. 2023. Zugriff am 22.04.2024 auf: https://www.aok.de/pk/magazin/koerper-psyche/psychologie/negative-gedanken-loswerden-tipps-vom-experten/.

8. Spektrum.de: Akzeptieren heißt nicht aufgeben. 2020. Zugriff am 22.04.2024 auf: https://www.spektrum.de/rezension/buchkritik-zu-kurswechsel-imkopf/1798358.

9. Byron Katie. Anleitung zu The Work. The Work, März 2019, https://the work.com/wp-content/uploads/2019/03/AnleitungzuTheWork.pdf.

8장

1. MDR Wissen: Die Macht der Schuld und die hohe Kunst des Entschuldigens.2022. Zugriff am 22.04.2024 auf: https://www.mdr.de/wissen/sichrichtig-fuer-fehler-entschuldigen-um-verzeihung-bitten-100.html.

2. Schumann, Karina: An affirmed self and a better apology: The effect of selfaffirmation on transgressors' responses to victim. 2014. Zugriff am 22.04.2024 auf: https://www.sciencedirect.com/science/article/abs/pii/S0022103114000638?via%3Dihub.

3. Schumann, K., & Ross, M.: Why Women Apologize More Than Men: Gender Differences in Thresholds for Perceiving Offensive Behavior. Psychological Science, 21(11), 2010, 1649–1655. https://doi.org/10.1177/0956797610384150.

4. Lewicki Roy et al.: An Exploration of the Structure of Effective Apologies.2016. Zugriff am 22.04.2024 auf: https://onlinelibrary.wiley.com/doi/abs/10.1111/ncmr.12073.

5. Ebd.

6. AOK: Die Kunst des Vergebens: Wie wir verzeihen können, obwohl es oftschwerfällt. 2021. Zugriff am 22.04.2024 auf: https://www.aok.de/pk/magazin/wohlbefinden/ achtsamkeit/warum-vergeben-wichtig-ist-und-wie-esklappt/.

7. Lee YR, Enright RD. A meta-analysis of the association between forgiveness of others and physical health. Psychol Health. 2019. Zugriff am 22.04.2024 auf: https://pubmed.ncbi. nlm.nih.gov/30669877/.

8. https://www.stern.de/gesundheit/psychologie/vergeben--wie-man-lernenkann-besser-zu-verzeihen-33429588.html

9장

1. Frontiers in Human Neuroscience. 2016. Zugriff am 19.08.2024 auf: https://doi. org/10.3389/fnhum.2015.00718.

11장

1. AOK: Dunning-Kruger-Effekt – Warum sich Menschen selbst überschätzen. 2024. Zugriff am 22.04.2024 auf: https://www.aok.de/pk/magazin/koerperpsyche/psychologie/ der-dunning-kruger-effekt-einfach-erklaert/.

2. Barmer Krankenkasse: Confirmation Bias: Warum der Bestätigungsfehler so gefährlich ist. 2023. Zugriff am 22.04.2024 auf: https://www.barmer.de/gesundheit-verstehen/ psyche/psychische-gesundheit/confirmation-bias-1128000.

3. Kappes, Andreas und Harvey, Ann et al.: Confirmation bias in the utilization of others' opinion strength. 2019. Zugriff am 22.04.2024 auf: https://www.nature.com/articles/ s41593-019-0549-2.

4. Kaplan, Jonas; Gimbel, Sarah; Harris, Sam: Neural correlates of maintaining one's political beliefs in the face of counterevidence. 2016. Zugriff am 22.04.2024 auf: https://www. nature.com/articles/srep39589.

5. Barmer Krankenkasse: Confirmation Bias: Warum der Bestätigungsfehlerso gefährlich ist. 2023. Zugriff am 22.04.2024 auf: https://www.barmer.de/ gesundheit-verstehen/ psyche/psychische-gesundheit/confirmation-bias-1128000.

12장

1. Parship: Zoffen, streiten, zanken – so fliegen bei Paaren in Deutschland die Fetzen. 2021. Zugriff am 22.04.2024 auf: https://www.parship.de/studien/ zoffen-streiten-zanken-so-fliegen-bei-paaren-in-deutschland-die-fetzen/.

2. Elitepartner: Die Top-Trennungsgründe: Affären, schlechte Kommunikation und fehlender Freiraum. 2023. Zugriff am 22.04.2024 auf: https://www.elitepartner.de/ studien/trennungsgruende/.

3. Max-Planck-Institut für Bildungsforschung: Ein Spaziergang fürs Gehirn.2021. Zugriff am 22.04.2024 auf: https://www.mpib-berlin.mpg.de/presse meldungen/ein-spaziergang-fuers-gehirn.

4. Saint-Maurice PF, Troiano RP, Bassett DR, et al. Association of Daily Step Count and Step Intensity With Mortality Among US Adults. JAMA. 2020;323(12):1151–1160. doi:10.1001/jama.2020.1382.

5. Kast, Bas: Kompass für die Seele. C. Bertelsmann: 2023. S. 65 f.

13장

1. Techniker Krankenkasse: Bluthochdruck. 2024. Zugriff am 22.04.2024 auf:https://www.tk.de/techniker/gesundheit-und-medizin/behandlungen-undmedizin/herz-kreislauf-erkrankungen/bluthochdruck-2015754.

2. DBT Tools: FAST Strategie. Zugriff am 28.07.2024 auf: https://dbt.tools/interpersonal_effectiveness/fast.php.

14장

1. National Geographic: Der Watercooler-Effekt: Warum Lästern gut ist. 2023.Zugriff am 23.04.2024 auf: https://www.nationalgeographic.de/wissenschaft/2023/02/der-watercooler-effekt-warum-laestern-gut-ist.

2. Farley, S. D.: Is gossip power? The inverse relationships between gossip, power, and likability. 2011. European Journal of Social Psychology, 41, 574–579.

3. Universität Würzburg: Mobbing am Arbeitsplatz. O. J. Zugriff am 23.04.2024 auf: https://www.uni-wuerzburg.de/verwaltung/agtu/aufgaben/arbeitsschutzund-unfallverhuetung/sonstige-themen/mobbing-am-arbeitsplatz/.

4. Verkuil B, Atasayi S, Molendijk ML: Workplace Bullying and Mental Health:A Meta-Analysis on Cross-Sectional and Longitudinal Data. 2025. Zugriff am23.04.2024 auf:

https://www.ncbi.nlm.nih.gov/pmc/articles/PMC4549296/.

5. Robert-Koch-Institut: Mobbing und Cybermobbing bei Kindern und Jugendlichen in Deutschland. 2020. Zugriff am 23.04.2024 auf: https://www.rki.de/DE/Content/ Gesundheitsmonitoring/Gesundheitsberichterstattung/GBEDownloadsJ/Focus/ JoHM_03_202_HBSC_Mobbing.pdf?__blob=publicationFile.

6. Hess, Markus et al.: Intervention und Therapie für Täter und Opfer von Schulbullying: Ein systematisches Review. 2017. Zugriff am 23.04.2024 auf: https://doi.org/10.13109/ prkk.2017.66.10.740.

7. Spektrum.de: Mobbing und wie es uns krank macht. 2019. Zugriff am 23.04.2024 auf: https://www.spektrum.de/wissen/mobbing-verursacht-depressionen-und-angststoerungen/1633952.

15장

1. Vedhara K, Gill S, Eldesouky L, Campbell BK, Arevalo JM, Ma J, Cole SW.: Personality and gene expression: Do individual differences exist in the leukocyte transcriptome? Psychoneuroendocrinology. 2015 Feb;52:72–82.doi:10.1016/j.psyneuen.2014.10.028.

2. Campos, Daniel: Meditation and happiness: Mindfulness and self-compassion may mediate the meditation–happiness relationship. 2016. Zugriff am23.04.2024 auf: https:// www.sciencedirect.com/science/article/abs/pii/S0191886915005450.

3. Körner, R., Röseler, L., Schütz, A., & Bushman, B. J.: Dominance and prestige: Meta-analytic review of experimentally induced body position effects on behavioral, self-report, and physiological dependent variables. Psychological Bulletin. 2022. 148(1-2), 67–85. https://doi.org/10.1037/bul0000356.

4. Zamani Sani SH. et al.: Physical activity and self-esteem: testing direct and indirect relationships associated with psychological and physical mechanisms. Neuropsychiatr Dis Treat. 2016.12;12:2617-2625. doi:10.2147/NDT.S116811.

16장

1. Bastian, B., Kuppens, P., Hornsey, M. J., Park, J., Koval, P., & Uchida, Y.(2012). Feeling bad about being sad: The role of social expectancies in amplifying negative mood. Emotion, 12(1), 69–80. https://doi.org/10.1037/a0024755.

2. Neumann, W.; Lentz-Becker, A.; Claßen, G.: Prävention stressbedingter Depressionen. Selbststeuerung und Ressourcenentwicklung. 2012.

17장

1. Zeit: Mahlzeit. 2012. Zugriff am 23.04.2024 auf: https://www.zeit.de/zeitwissen/2012/05/Ernaehrung-Besser-Essen-Psychologie/seite-4.

2. T3n: Studie: Weshalb du deinen Kollegen nicht ungefragt Hilfe anbieten solltest. 2018. Zugriff am 23.04.2024 auf: https://t3n.de/news/studie-weshalb-du-deinen-kollegen-nicht-ungefragt-hilfe-anbieten-solltest-1120278/.

3. Eskreis-Winkler L, Fishbach A, Duckworth AL. Dear Abby: Should I Give Advice or Receive It? Psychol Sci. 2018 Nov;29(11):1797-1806.doi:10.1177/0956797618795472.

4. Feng, B.: When Should Advice Be Given? Assessing the Role of Sequential Placement of Advice in Supportive Interactions in Two Cultures. 2024. Communication Research, 41(7), 913–934. https://doi.org/10.1177/0093650212456203.

5. Samter, Wendy, and Erina L. MacGeorge: Coding Comforting Behavior for Verbal Person Centeredness. In: Researching Interactive Communication Behavior: A Sourcebook of Methods and Measures, 107-28. Thousand Oaks, CA: SAGE Publications, Inc, 2017. https://doi.org/10.4135/9781506349169.

18장

1. Bundesanstalt für Arbeitsschutz und Arbeitsmedizin: Stressreport Deutschland 2019. Psychische Anforderungen. Ressourcen und Befinden. 2019. S. 9 f. Zugriff am 22.04.2024 auf: https://www.baua.de/DE/Angebote/Publikationen/Berichte/Stressreport-2019.pdf?__blob=publicationFile&v=8.

19장

1. AOK: So erkennen Sie emotionalen Missbrauch durch Gaslighting. 2023. Zugriff am 23.04.2024 auf: https://www.aok.de/pk/magazin/koerper-psyche/psychologie/was-gaslighting-fuer-betroffene-bedeutet/.

2. Freie Universität Berlin: Diskriminierung im Gesundheitssektor. 2022. Zugriff am 23.04.2024 auf: https://blogs.fu-berlin.de/abv-gender-diversity/2022/11/01/diskriminierung-im-gesundheitssektor/.

3. Barmer: Gaslighting – so erkennt man die gezielte Manipulation. 2023. Zugriff am 23.04.2024 auf: https://www.barmer.de/gesundheit-verstehen/psyche/psychische-gesundheit/gaslighting-1072304.

4. AOK: Gaslighting. O. J. Zugriff am 23.04.2024 auf: https://www.deine-gesundheitswelt.de/balance-ernaehrung/gaslighting.

5. Bayerisches Staatsministerium: Gewalt loswerden. Psychische Gewalt. O. J. Zugriff am 23.04.2024 auf: https://bayern-gegen-gewalt.de/gewalt-infosund-einblicke/formen-von-gewalt/psychische-gewalt/.

6. Bundesgesundheitsblatt: Psychische und körperliche Gewalterfahrungen in den vergangenen 12 Monaten in der Allgemeinbevölkerung. 2015. Zugriff am 23.04.2024 auf: https://www.bzaek.de/fileadmin/PDFs/za/Praev/H%C3%A4usliche_Gewalt/Gewalt erfahrung12Monatspr%C3%A4v_DEGS1_BundesgesBl01_2016.pdf.

7. Spiegel: Psychische Gewalt so verheerend wie körperliche Folter. 2007. Zugriff am 23.04.2024 auf: https://www.spiegel.de/wissenschaft/mensch/studie-psychische-gewalt-so-verheerend-wie-koerperliche-folter-a-470220.html.

20장

1. Max-Planck-Institut: Der hormonelle Zyklus des Gehirns. 2023. Zugriff am 23.04.2024 auf: https://www.cbs.mpg.de/2183557/20231013.

2. Spektrum.de: Gute Tage, schlechte Tage. 2022. Zugriff am 23.04.2024 auf: https://www.spektrum.de/magazin/menstruationszyklus-woher-kommendie-stimmungsschwankungen/2071353.

옮긴이 **김현정**

이화여자대학교 독어독문학과를 졸업하고 동대학원에서 석사학위를 받았으며, 독일 예나 대학에서 수학했다. 현재 번역에이전시 엔터스코리아에서 번역가로 활동 중이다. 옮긴 책으로는 《나는 왜 따뜻한 대화가 힘들까》,《세상은 이야기로 만들어졌다》,《걱정 해방》,《나이 든다는 것에 관하여》 등 다수가 있다.

나는 더 이상 말 때문에
상처받지 않기로 했다

1판 1쇄 발행 2026년 1월 14일
1판 2쇄 발행 2026년 2월 3일

지은이 리자 홀트마이어
옮긴이 김현정

발행인 양원석 **편집장** 권오준 **책임편집** 이건진
디자인 남미현, 김미선 **영업마케팅** 조아라, 박소정, 김유진, 원하경, 정민지
해외저작권 임이안
표지 일러스트 메종드광렬

펴낸 곳 ㈜알에이치코리아
주소 서울시 금천구 가산디지털2로 53, 20층 (가산동, 한라시그마밸리)
편집문의 02-6443-8831 **도서문의** 02-6443-8800
홈페이지 http://rhk.co.kr
등록 2004년 1월 15일 제2-3726호

ISBN 978-89-255-6998-7 (03180)